I0458485

From Poems to Songs
De poemas a canciones

Published 2024
Publicado en 2024

Printed in the United States of America
Impreso en los Estados Unidos de América

First Edition
Primera edición

ISBN (print / impreso): 978-1-964296-12-8
ISBN (e-book / libro electrónico): 978-1-964296-13-5

For information, address:
Para más información, diríjase a:

Bennett Media and Marketing LLC
1603 Capitol Ave., Suite 310 A233
Cheyenne, WY 82001
www.thebennettmediaandmarketing.com
+1 (307) 202-9292

ACKNOWLEDGEMENTS

Professor María E. Petrovitch Marty was positive in editing the Spanish section of my first book of poems "One Hundred Precious Polished Stones" and was eager to get her hands in editing the Spanish section of my second, "Two Hundred and Three Poems to Beloved". She totally collaborated in editing the first section in Spanish of my third book of poems entitled: "From Poems to Songs". My profound gratitude for her time and work. It will be forever honored and valued. Like before, I'll always be in debt to her. I am also pleased with professor Jeanette Cruz Bonilla for her valuable contribution.

My daughter, Mariam Santiago Torres and I edited the English poems. Coral M. Santiago, my granddaughter, took the photo for this book's back cover. In it appears her two children, my great grandsons, 8-year-old Julián A. Padilla Santiago and 5-year-old Jonás A. Vázquez Santiago. My pet dog Ozzy Polaris also posed.

This is part of my family, which I enjoy so much. I am grateful to have them as participants of my third literary piece. Thank you all!

DEDICATION

Today, Monday, May 20, 2024, I completed my third poetic masterpiece titled "From Poems to Songs".

I dedicate this excellent achievement to my daughter Mariam Santiago Torres for her devotion and arduous collaboration in making this third publication a success. Her faithful support and interest in reaching my third goal makes her still my first strong pillar and merits all my love and recognition.

Dear daughter, this work took more thought effort and time than before. It was challenging! We had to go through a lot together in order to reach the summit. We got there! Without you this third book would still be a manuscript. My heartfelt gratitude always, we make a fabulous team!

Thank you,
Dad

BIOGRAPHY

My father, Luis A. Santiago Matos was born in Cabo Rojo, P.R. on November 16th, 1946. His parents were Ángel F. Santiago Ramírez and Brunilda del Carmen Matos Montero. He has an older brother named Ángel F. Santiago, Jr.

He studied his primary grades in Federico Degetau School in Llanos Tuna, Cabo Rojo. His secondary grades were studied in Public School 43 in New York City. He returned to his native Cabo Rojo and studied the tenth grade in Luis Muñoz Marín High School. His last two high school years were studied in Haaren High School, New York City.

He married Luzbaldí Torres Rivera in Cabo Rojo on January 20th, 1968. They went to live in New York City. Uncle Sam from the US Army drafted him on April 19th, 1968. My mother returned to Puerto Rico expecting their first child. Meanwhile, he was stationed in the Pacific War Theater in Korat, Thailand. He served fourteen months there and his discharge from the service was on November 23rd,1969. I was born on Nov. 27th, 1968, Mom named me Mariam Santiago. My father saw me for the first time two days before my first birthday. Once in Puerto Rico, we had our first small cement and wooden house.

Later, he enrolled at the University of Puerto Rico, Mayagüez Campus in a government bilingual program designed to prepare bilingual teachers to teach English as a second language in the Puerto Rican Public School System. My dad graduated in 1977. He taught in the following schools: Sabanetas Maní and Segundo Ruiz Belvis Elementary School, both in Mayagüez. Luis Muñiz Souffront (Joyuda), Juan E. Silva Asencio (Sabana Alta), S.U. Pedro Javier Petrovitch (Puerto Real), S.U. Federico Degetau (Llanos Tuna), and S.U. Carmen Vignals Rosario (Boquerón); all of them located in Cabo Rojo. He dedicated 21 years of his 32 years as an English teacher to the Puerto Real community.

Shortly after his arrival to Puerto Rico, my sister, Sophy Marie Santiago and my brother, Luis Ángel Santiago "Bomby", were born. Now, he is a proud grandfather of five beautiful granddaughters: Desireé Marie, Valerie Nicole, Coral Mairis, Cristal Merlis and Sofía Gabriela. He also has the joy of having two great-grandsons named Julián Antonio and Jonas Alberto.

After teaching for thirty-two years he retired on July 24th, 1999. Since 2000, he has kept writing poems, which he says are his life; his polished stones. Today he feels grand satisfaction with his third poetic masterpiece "From Poems to Songs". Among them he highlights, "Formula to Subsist", "No One Knows" and "Elder's Lament", which were written in English and Spanish.

Dear Dad, we love you with all our hearts, God Bless you always.

Your daughter,
Mariam

FROM POEMS TO SONGS

LUIS A. SANTIAGO MATOS

CABO ROJO'S BILINGUAL POET

, EASY WRITER, 2017

TABLE OF CONTENTS

Second set of numbers - Spanish Version

INTRODUCTION

My third poetic masterpiece "From Poems to Songs" contains a hundred and two poems in Spanish and a hundred and four in English, which fifty-four were written in both languages. It was written to delight everybody and at the same time give my poems their meritorious standing by not only reading and reciting them, but singing and even dancing as well.

With this diversity you will read first to learn the lyrics, recite passionately and speed up your reading every time you read until you start hearing the tunes of your particular melody. The continued practice will eventually give you the artistic genre without much effort, it being a bolero, ballad, waltz, merengue, tango, rap, reggae, ranchera, zamba, bomba, plena, guaracha, aguinaldo, and many more. The constant practice will take you to enjoy unimaginable melodies.

My poems usually consist of five stanzas of four verses each. In order to sing my poems, you need to repeat full stanzas and at times a few solo verses as well. This will enhance the songs and the poems will not lose their originality whatsoever. In no time, you will be enjoying my poems turned into songs. Experience the versatility of my poems, enjoy them and share them.

Luis A. Santiago Matos
"Easy Writer"

NOBODY REALLY APPRECIATES

WHAT THEY HAVE UNTIL IT'S LOST

PROLOGUE

Just like life, mysterious and complex, such is the infinite universe. Each human being is a unique world that thinks and does things differently. We ask so many questions about life and nobody has the answers. What we accept today, tomorrow might not be, and what wasn't accepted then, would be what people live today. Life is in constant evolution.

Many of the poems bring themes that might hurt feelings to some of my readers, but tolerance is the key to deal with them. Today's fast-moving technology will open our minds bringing fundamental changes in our society. Many barriers will be broken and we'll live being inclusive with innovations in all aspects of our society.

My writings are diverse and for people of all walks of life. I don't write for individuals or groups. My dedicated poems can be enjoyed by the general public, no strings attached. Poems which themes you don't favor may cause controversy. They will provoke conversations and exchange of ideas. Who knows if in the near future you come to terms with the rejected ones. It's all a matter of respect, love and tolerance in order to live fraternally our marvelous social diversity.

A Beloved Extravaganza!

September 9, 2020

Some people find poems boring
For me it's a different story
It all depends on the themes
Their lyrics rhyming with glory

The title alone should persuade
In brainstorming the imagination
Triggering the need to read
To gain the valuable information

A message as clear as water
Will enthuse you to continue reading
And with an open mind
You'll find the poem to be revealing

A poem should be short
Four or five verses per stanza
Four to six stanzas per poem
Making it a beloved extravaganza!

A Better Place
July 5, 2020

Many global radical changes
Will take everybody by surprise
Governments as well as religions
Will pay the ultimate price

Both of these old institutions
Have long governed humankind
Their credibility until today
Has been corruption and crime.

A serious study of their history
Will immediately bring light to reveal
The atrocities committed through time
With codes of silence to conceal

The status quo is their goal
To continue forever in power
Inducting fanatics for their cause
Thus, upholding their financial empires

Ask not, about these radical changes
Wrestle a little with your brain
Analyze the world around you
Bring about judicial and social complaints

And radical changes, they'll be
And all the world will convene
Making our Planet Earth
A better place to live in

A Custom
September 20, 2021

I want to know
What you're up to
If your love is true
Or just a game

If it's a game
I'll do the same
Playing along
Without complaint

Nothing serious
I will contend
Avoiding then
A compromise

Thus, then becoming
Your ardent player
Anytime you
Wish me by

A custom is ideal
And it's so real
A stronger bond
That then love seals

We will continue
To enjoy our game
There's nothing here
To cause dismay

We're both happy
Our custom's to stay
And it will always
Be on display.

A New Game

October 27, 2019

Eye contact we have made
Now our lives aren't the same
We know each other by name
We're involved in a new game.

Mutual love is in the air
Initiating our new affair
Holding hands, we find it fair
Nothing that we did, now dare.

A new game has just commenced
We're thrilled and happy too
Our heartbeats are pounding fast
Is it time to say, I do?

This is our first true love
Everything we see is rosy pink
No matter the consequences
It's the color we're linked.

Eye contact, we have made
It's the name of the new game
Now we know each other's name
Now our lives aren't the same.

A New Order

August 12, 2020

I have been ready for the answers
I will not be kept behind
Right now, it's our time to know
What's in store for humankind

The whole truth is around the corner
We will soon know we're not alone
We'll have knowledge that the universe
Is teaming with brotherly, cosmical love

Religious institutions and cults
Will immediately cease to exist
Only Almighty will reign, making
Our planet, a better world to live

Love being the only Universal Law
To abide by and with
All governments will be abolished
And human rights and values enriched

A Savory Roast

March 27, 2024

If you love me, María
I'll be true to you
Twenty-four seven, my dear
I'll be loving you

You'll be really pleased
"I'm happy," I'll hear you say
When you receive my love
During the course of the day

And like a savory roast
I'll caress you till seasoned
Complimentary kisses, and affections
Will delight you in addition,

You'll be confected, step by step
From time to time, being tasted
If you ask me to taste you again
You'll be pleased as requested

A Secret Still

March 26, 2020

We made eye contact today
Our friendship started to bloom
We agreed upon a date
We'll see each other real soon

We've been dating for sometime
Our courtship is going strong
When you're not close to me
I wonder if something is wrong

I call you early in the morning
Like I constantly do
I love to hear you say,
"I am madly in love with you."

The minute I'm out of work
I stop briefly by your house
You rush to greet me outside
With kisses and all aroused

The commitment agreed upon
We feel compelled to fulfill
Preparations are under way
But wedding date, a secret still.

A , E , I , O , U of Love
July 17, 2021

As **I** played with the five vowels
I Expressed my love for **U**
The first time **I** got to see you,
I perceived, **U** adored me too

Opening my loving heart
I Invited **U** closer to me,
Eagerly **U** Expressed your love
Once **U** were totally **In**

Our souls **Are** now **United**
In A full spiritual **Embrace**
Never to be separated
Feeling so secure **Every** day

Playing with the five vowels
I Expressed my loving role
Now **U** really know for sure
Wedding bells will start to toll.

Aching Heart
April 8, 2019

For how long are you to cry?
For how long are you to suffer?
Open your door my aching heart
It's time to love another.

Forget the one that's gone
Go out and have some fun
It wasn't your fault
She did you wrong.

A new love awaits for you
The spring season has just begun
Fauna and flora are in splendor
Being love terrain all season long.

Celebrate the blooming occasion
Like hummingbirds flying over flowers
Extracting their nectar with determination
Delighting in sweetness as they hover.

It's the way to meet a new love
Act promptly and with precision
Enjoy the lovely seasonal show
Fully opening your heart to the season.

Always Love
August 14, 2021

Two males loving each other
Are in liberty to do so
Females feeling alike
Their love they can also show

Please, stop bullying them
They are not to be feared
Always support them with love
And they'll never shed a tear

Being inclusive will bring
Livelihoods of love and peace
An opportunity for humanity
To live life at ease

The world has always been prone
To phobias, fanatisms and wars
The perfect formula is only to love
Time being the medicine for problems to solve

Respect others, that's the way
And you'll also be respected
Sexual preference among lovers
Between them to be contested.

Apology

February 3, 2021

I did things in life
Then later to regret
I thought every time
That I was always correct

For all those misfortunes
I never apologized
I still remember them
But then, such is life!

What happened then
Won't occur again
From those livelihoods
I'm sure, I've learned

I am now focused and aware
Being wrong, but thought right
I'll make sure without delay
My apology to come to light.

If you live your life
With the best intent
Wrongdoings will be minimal
And you will feel content

Appraise
October 8, 2021

Goodbye to the one that's gone
I don't want to see her around
I appraise her determination
My feet are now back on the ground

Since it wasn't my decision
I feel completely liberated
A new love entered my life
I presume it to be what's expected

She's always by my side
Caressing, loving, and kissing
Due to all her given attentions
I am always very pleasing

There's nothing like being in love
We see everything rosy pink
I am counting with the comfort
That today, she's my home loving queen.

Barbara

April 8, 2021

Barbara has guts, deadly and revengeful
She is a very dreadful dame
Whomever does her wrong, must pay
Her sharp claws will inflict pain.

Don't come to her with excuses
She will not tolerate them
Whether it be a man or woman
Either one will be condemned.

Barbara is known worldwide
People tend to give her the cold shoulder
If she happens to enter a store
The clientele starts to exit the door

Here, she's in total control
And if she's not provoked
The words you'll hear from her
Are the good ones, invoking The Lord

I'm confident, she's a good soul
She just had a tough upbringing
Whomever gives her a hard time
She'll still be unforgiving.

Beloved Words
November 5, 2018

I am so anxious to see you
And to whisper in your ear
They will be beloved words
Filled with passion, that you'll hear.

I am feeling grand commotion
Very deep within my heart.
I feel the strong heartbeats
It must be you from the start.

Many years just went awry
Destiny is solely to blame
It kept us always apart.
But I am here to light the flame.

I am sure when you see me
You will say what your soul feels
Even though I have been absent
Your love for me, you can't conceal.

The grand day has just arrived
We are meeting once again
This time, despicable destiny
A death blow, you have gained.

Bloom Again

March 19, 2020

We'll continue to be together
Even though you passed away
You said when you departed,
"In Heaven for you, I'll await"

You'll be watchful when I arrive
Patiently waiting for me there
Once I reach the other side
You'll greet me with love and care

I know someday I'll get there
For me awaits your eternal smile
Coming towards me with a kiss
Like when we walked down the aisle

When my day comes there to be
I will hold tightly your hand
Our vows will be renewed
To bloom like flowers again

Chain of Kisses
December 14, 2020

My ardent chain of kisses
Left hickies all over your neck
The evidence was there by dawn
Showing the cause an effect

We engaged in a passionate affair
During the predawn hours
With profound petting and necking
Lacerations produced the encounter

I have noticed you so complaisant
Even showing a few smiles
Wearing a turtleneck blouse
Hiding it all from the crowd

I love the way that you smiled
It takes me to infer and address
That last night was the night
You would always want to regress

My chain of kisses, my dear
Has made our love rekindle
Our flame was fading away
Ignited before dawn, didn't dwindle.

Coffee and Wine

January 23, 2019

You are constantly in my mind
Wondering how you're feeling
If things aren't going right
Come home for a cozy meeting.

Let's drink coffee and fine wine
We'll start to break the ice
Things will start to look bright
As they were at home through time.

Tell me nothing but the truth
The whole truth only give
We have committed errors
It's time to forget and forgive.

I will tell you the whole truth
Nothing less it will be
We have committed errors
It's time to forget and forgive.

Destiny is solely to blame
Now we're turning a new leaf
We are planting the good seed
For an excellent harvest to achieve

Over good coffee and fine wine
We pledged our new commitment
Enjoying them as we did then
To secure our permanent fulfillment.

Country Life
May 30, 2021

I have my home in the country
There's nothing like country life
A hammock invites me to "siesta"
Every time I pass it by

A fresh breeze makes its way
It concurs with the singing of doves
If you let your senses dwell
A rich magical dream evolves

If it rains cats and dogs
The creek roars as it serpentines
The fauna becomes abundant
And the flora grows to extremes

If you want to quench your thirst
Affix your eyes to the palm tree
Remember the coconuts seen yesterday?
They are now cold in the fridge.

If you want to refresh yourself
Just go and pick one up
Then open it carefully
Enjoy the water and pulp

It's wonderful to exercise
On the familiar pathways
Enjoying morning walks
A healthy start every day.

Day and Night

January 5, 2019

The Sun welcomes the night
When it is setting.
It welcomes the day
When it is rising.

The Sun sets towards the West,
From the East it rises.
Two spectacular scenarios happening
As the Earth rotates on its axis

Sunset and sunrise on opposite sides
Marvelous events concurring
On the peak of the same horizon
Very hard to conceive, but inspiring!

Dawn precedes the new day
Evening precedes the new night
Wondrous panoramic momentous
Displayed by the Sun and Earth's highlights!

Dear Son

September 13, 2023

Last night, I had a dream.
Aroused you were kissing me.
You just found out you were pregnant
And became excited and pleased.

I awoke from that lovely dream
Amazed, astonished and thrilled.
Noticing that you were awake,
Enthused, awaiting to spill the beans.

With a heavenly smile on your face,
You said, "You and I are two, today.
We'll be three within months.
Our baby is coming this way."

You were always wishing for it
Our timing was perfect, indeed
You wanted to become a mom.
Almighty consented your wish.

Nine months transcurred right away.
The blessed period for gestation.
Our healthy baby boy was born.
The motive for this joyous occasion!

That dream, I'll never forget.
I'm grateful to God for our newborn.
I also wanted to become a dad.
We are happy with our dear son.

Defiant!
June 25, 2019

What can the problem be?
We're both young and free
Why can't there be love
Between you and me?

Destiny must be the culprit
In our relation it has intervened
It hasn't given us the answers
A wall of silence keeps building in.

Destiny is acting strange
It hasn't understood
That our love hasn't been consummated
Till it has it approved.

I visited you yesterday
Showed you the proposal, I made
Right away you reneged
Saying, "Legally is the only way."

We're confident with our love
We'll continue with our pleas
We'll keep strong and defiant
Till destiny concedes.

Doubt
April 19, 2019

I am waiting here for you
Since the day I saw you leave
I know you will return
Looking for the love, I give

You left not saying a word
Thinking I would impede
But destiny holds the upper hand
It's difficult to intervene

You're testing my true love
You still have doubts about me
But you're totally wrong
You're the girl of my dreams

I am your eternal, crazy lover
No matter how long you delay
Here, I will patiently stay
I feel you're just steps away

As soon as you return, my dear
I will tell you like it is
You're my only dream girl
Never, ever doubt me, please

Once you feel pleased and aware
That my love for you is sincere
You will stop doubting me
Your love will be mine, my dear.

E – Love
January 3, 2019

It's our first date today
We met through the Internet
If there's chemistry among us
Future dates will be set

Our first date, a get to know
Focusing on our intentions
If we are compatible
We'll give it all the attention

We'll date again and again
Till we're completely sure
That we're on the right track
Making our love then endure

It seems that destiny
With our relation played a role
Without the exchanged emails
We would still be separate souls

We're so anxious today
To walk down the aisle of love
And send Our Divine emails
Invoking Him to bless our love.

Elder's Lament

February 23, 2020

I have endured for many years
Now living my golden age
Family members put me away
In a nursing home to stay
Against my will, I will say

I expect the best in care
Not to complain or war declare
Some people say that's the way
Others affirm it's a nightmare
I'll be here aware to bear

I worked hard all my life
Raised a family healthy and strong
Helped all not to overcome
There's no plausible reason
For me to be facing this wrong

It's a tragedy growing old
We're like withering flowers
Today with absence of fragrance
To be trashed after usage,
With "nada" in them to inspire

It's so sad to be old
Sentenced prisoners without faults
In this dump, only crime being old
Confined to extinguish our days
Till The Lord frees our souls

Enjoy Life!
October 7, 2021

Enjoy one day at a time
When we sleep, don't we die?
There's really no difference
And I'll tell you why

Death is just a lifecycle
We will always survive
If life isn't eternal, then
There would be no reason to strive

Once a spirit exists, it always will
Reincarnation is the key
Countless lives we'll live
With our unique spirit in each

Our soul is an eternal archive
It keeps records of our past lives
We only have knowledge of the present one
When its mission ends, another arrives

Our body helps us move around
It's our vehicle on the ground
A new model every time around
To be conducted safe and sound.

Enough is Enough
February 6, 2019

You are asking for forgiveness
You just want another chance.
But enough is enough!
Another you will not have.

I will need all my time
To build my life and health care.
The time we lived together
Was an eternal nightmare.

I wish you the best of luck
And all the happiness.
I am expecting from you
To wish me the very best.

Go ahead with your concerns
And don't come begging again.
My decision will stand firm.
All my freedom, I have gained.

I feel accomplished today.
A new love entered my life.
She cares and adores me.
We are blessed with a new light.

Eternal Smile

September 19, 2019

I will get accustomed through time
To live my life without you
It doesn't mean, I'll forget
Or stop thinking about you

I have to focus on me
I need to cope to survive
Your departure changed my life
I'll do alone now what is right

My time to cry is over
Also, my time to grief
You'll always live in my heart
Guiding me in time of need

I am grateful for the livelihoods
You and I shared together
I'll remember your eternal smile
Always there, looked like forever

Look for your spiritual guide
Enlightenment is important, beware
Someday, I will take that journey
Just wait for me over there

Faith and Trust

June 11, 2020

I thought everything was lost
But you changed your mind
You showed up during the day
Making it back home on time

I awaited many hours for you
Thought you would never return
My eyes were filled with joy
When things took a lovely turn

We will be happy together
Our love won't be like before
Faith and trust will be the key
The lock won't be changed on the door

The livelihoods that we'll share
Will be pleasurable, indeed
And every morning, my love
I will awake you to please

I perceive your positive mood
With our brief rupture, we've matured
You are as anxious as me
Our love will always endure.

Forever, My Light

September 2, 2023
(Dedicated to Sofía G. Ruiz Santiago)

I have five lovely granddaughters,
Desireé, Coral, Cristal, Sofía and Valerie.
They are all pretty young ladies,
A proud grandfather, always to be.

Sofía is the youngest of all,
But in height, tops them all.
I love all five alike
Not contemplating differences at all.

And that said, dear loves,
I want all five to have knowledge
That Sofía is "Forever, my light"
For being a gift of life to acknowledge.

She was conceived in a petri dish.
Dr. Beauchamp was in command.
We made monthly trips to Bayamón
Receiving the gestation progress, along.

Today you are twenty-three years old.
It seems you were born yesterday.
Graduated Cum Laude in record time, a chef.
Your goal is to open a restaurant someday.

And the phrase "Forever, my light"
You have tattooed on your skin.
So, you can reminisce, when asked,
What does it really mean?

Formula to Subsist

September 3, 2021

Life's not easy to cope with
It brings problems through time
We have to deal with them
They just can't be brushed aside

But it also brings good times
At times difficult to reach
We have to strive and persevere
In order to fully succeed

Nobody is immune to this
Neither rich, poor, young, or old
The struggle to survive is constant
We are in need of a new mold

Happiness isn't conformed by dough
We perceive it relatively in livelihoods and goals
As soon as felicity dissipates
Water level reaches our throats

Looking for that happy medium
With consensus on both sides
We avoid heartbreaking issues
Procuring a better light

Life's not easy to cope with
We have to learn how to coexist
With consensus, being inclusive and loving
The formula to subsist.

Fraternal Harmony
April 4, 2020

Before so much injustice in the world
I would love to have optimal power
And with just a single blow
Restore it just in an hour

I will look into the Good Word
The true feeling of love
Being The Divine Law that reigns
With happy livelihoods for all

We will enjoy fraternal harmony
With honorable values and pride
Respecting others, to be respected
Negative vibrations will subside

All differences will become inclusive
Love will provide, being superb
And with our positive thinking
Our thoughts will always excel

We will walk paths of glory
Leaving our blueprints behind
The legacy of our grand love
Fulfilling with Grace humankind

From Poems to Songs

September 6, 2023

From poems to songs,
Derive my compositions
Reading the verses at fast pace
Various tunes will hold position

When you master the lyrics
You'll enjoy them all
With each tune, soon,
You will please us all

What a wonderful tune
You have just sung
It's a beautiful tune
We can sing along

The singing practice is ideal
From a poem to sing a song
We are overwhelmed, intrigued
Listening to them being born

You debuted like a singer
With my poems, so lovely
And shine like a star
When you sing them in public

Genuine Love
January 1, 2019

I have to think it over.
If I'm to surrender my heart.
I have to be well aware
Your love is genuine from the start.

I always watch you passing by
Your eyes don't make contact with mine
Are you deliberately ignoring me
Or is there someone else on the line?

I really don't know why
I feel for you a strong attraction.
I can't find motive or reason,
From you I get no reaction.

You were asking for my name
Also, my home address.
I don't know if you were informed
Or just inquiring to pretend.

I gave you an ultimatum
Wanting to know your reaction.
You whispered in my ear,
"You are my love and passion".

I have to think it over
I have to be well aware
Although you whispered in my ear
If your intentions are sincere.

Home Again
September 26, 2019

Since you're not here
There's no reason to live
My world came crumbling down
The day you decided to leave

I don't know how to live
You aren't here with me
Since you're far away
It's time to come home clean

Since you're not here
To dream, laugh and please
I'll journey worldwide
Until you're home at ease

I want to know how you feel
Now that you're by my side
I can listen to your heartbeats
Pounding strong close to mine

We'll be happy together again
What occurred, no one's to blame
Our hearts are for each other
Neither needs, another flame

I Don't Need
February 2, 2020

I don't need your love
Neither your concern
You have long been gone
Don't plea for your return.

You're not welcome here
You have been replaced
Don't put on a happy face
When you left, you fell from grace.

Your departure made me strong
A new love entered my life
We are both compatible
Bonded fast and looking fine.

You left and homeless became
Up-and-down the city streets
Looking for clientele to please
Way to have a bite to eat.

You receive remuneration
From your ill-reputed skills
On and off the city streets
To continue cashing in.

I wish you the best of luck
Find the man of your dreams
Keeping you off the streets
You being loyal to him.

I Live Life

November 16, 2020

I live my life laughing
I live my life singing
I live it dancing, sharing
But most of all loving!

I don't worry about anything
Living it one hundred percent
Thanking always Our Almighty
For all the Grace that He sends

I rejoice having peace around me
Inclusive are my spirit, heart and soul
Perceiving everybody's true love
Better than receiving nuggets of gold

By being an example to follow
My legacy, I'll leave behind
And the people that I have touched
I know they'll be loving and kind

I live even breathing love
Through the breath I inhale
To please and comfort all
Thus, love always to prevail

I Want

April 4, 2019

I want to feel the pleasure
When a man and woman make love
It would be my first time
I really want to be loved

I want to learn how to love
I want to completely satisfy
The expected sexual desires
Of my future loving wife

I want to meet my playmate
The perfect girl of my dreams
Keeping her by my side
Becoming my next of kin

I want to feel her when we kiss
My lips tenderly arousing her skin
Enjoying an eternal passionate affair
If it were our honeymoon dream

I will foreplay before love
I know now how to proceed
With diverse passionate thrills
All ardent affairs need to keep

I know now how to love
I know now how to please
I know now how to enjoy
Sexual life fulfilling dreams

If You're Not Here

November 16, 2019

If you're not here
There's no reason to live
In this world there's no one
Else as you to please

If you're not here
To love, laugh and dream
I'll search worldwide for you
Till you make the scene

I want to see, feel you
Close loving me
Your heart and mine
Together in unison beat

If you're not here
I won't feel your warmth
If you're not here
I won't see you in months

That would cause me such pain
My suffering would be long
I want to see you, feel you
In a strong lasting bond

If I awake from a dreadful dream
And I find you staring at me
Your naked body starts covering
me
I would be terribly pleased

We would be pleased, indeed
Our warm bodies under the sheets
Being cuddled, caressed and kissed
Our hearts in unison beat

If you're here
To love, laugh and dream
We'll be so pleased, indeed
Our hearts in unison beat

Isabelita

January 28, 2020

I am observing a lovely "demoiselle"
As she walks along the city streets
With her grace and coquettish display
Attributes of the feminine sway

Good morning, "señorita"!
I want to know your name
I constantly observe you walking
And you thrill me every day

My name is Isabelita
I have observed you as well
I admire the way you watch me
I am flattered, can't you tell?

If you're not in a relation
I would love from you a date
You'll know about my affections
And the fate that I portray

We will date again and again
Our chemistry will be tested
Haven proven we're compatible
Wedding date will be requested

It Pays

May 10, 2020

It's worthwhile to wait for you
Your love is faithful and true
When we made eye contact that day
I knew we would be attuned

You don't live close to me
Your employment keeps you far away
But when you return to see me
I receive you with an ardent embrace

We spend the weekends together
Away from the maddening crowd
Thus, not to be interrupted
Enjoying the time thought about

I am looking for another job
Or permute the one and only
I need to be close to you
And spend more time with you, solely

It pays to wait and be with you
Since we made eye contact that day
We sticked together and bloomed
I knew it would be this way

It's Love

April 10, 2020

It's love, love, love
The only Universal Law
If you feel love in your heart
You can render love to all

In one way or another
Love you will give and receive
Differences will be inclusive
Once with love, you proceed

Begin by loving mother nature
Fauna and Flora at their best
All life is very important
On our home, Planet Earth

Life's not easy to cope with
Loving makes it better to handle
You will have peace of mind
Knowing love serves as a mantle

And at the end of the road
Our contribution to love
It's a grain of sand symbolizing
The greatness that's expected from all

Jonás

February 26, 2019

Our second great grandson
Was born in the city of Mayagüez.
His mother, Coral, named him
Jonás Alberto, from names, to be the best.

It was February the twenty third
His length, nineteen inches
And weight, six pounds
Now happily breast-feeding, sleepless.

February the twenty-fifth at noon
I saw him for the first time
His mother amorously again
Breast-feeding, taking her time.

God bless you little Jonás,
Welcome to our lives
You'll fill us with happiness
With your mischievous laughter and cries.

Justice for All
April 1, 2020

Alone you can't change the world
But you can give it a try
Sometimes it just takes a soul
To push forward what is right

It will take years in time
The cause will continue to strive
As many more souls comply
Keeping the effort alive

I have to recall Rosa Parks
And Honorable Dr. Martin Luther King
For both exposing themselves
Today martyrs of, I Have a Dream

And at the end of the road
You'll be remembered as bold
The movement that you commenced
Today is justice for all

Karaoking

December 23, 2021

If you enjoy my poems,
Why not singing them as well?
You'll find that in a short time
You will be mastering them

The lyrics you'll memorize,
And the musical genre will flow
With the repetition of the verses
Eventually, it will show.

It could be a ballad, bolero,
Waltz or tango that's on
A rumba, salsa, merengue, zamba
Or a fast-moving reggae to come.

You will not only recite my poems
But singing them acapella as well
And in a short time, we'll see
That you'll be karaoking them well.

Key and Code
September 24, 2021

So that you'll never forget me
And passionately love me
You have received from my heart
Its exclusive and genuine key

With it you can open
My heart's vault within
Deciphering the unique code
Where my fiery love begins

You will gradually learn to sense
The pleasure of a heated passion
Generated by my fieriness
Loving you in an ardent fashion

The key as well as the code
You will treasure in your heart
Whenever you wish to be loved
You hold the key and code to my heart

You hold the key and code to my heart
You will treasure them forever
Whenever you wish to be loved
Unlock it, we'll be forever together

Let It Shine!
April 9, 2020

If you wish to be happy
And to live in peace
Your faith must shine everywhere
Wherever you ought to be

When you hate, you're being hated
Hate rots the human mind
It's like a thrown boomerang
Returning your demeanor on line

If you don't help yourself
And continue your dreadful quest
Don't bother to love your best
Till you start loving yourself

I love you, count on me
You are a wonderful dame
But there's something in your heart
That condemns you, what a shame!

Leave behind material things
It's time for you to forgive
Use precious time loving everyone
You'll feel enlightened and very pleased

Life

May 14, 2023

What is our life all about?
Nobody really knows for sure
And all who say they do,
Were brainwashed and fooled.

Is there life after death?
Who is here to say?
No proof exists to this day
To our dismay.

Why is there so much secret?
Why is there such an intrigue?
We look for possible answers
Till we are beat with fatigue

Some say it is blind faith,
Which is surely the only answer
But no, there is so much more for me
I'll keep searching and wonder

Life's Not Easy

July 12, 2021

Life's not easy
It's a struggle
There is pain
There is sorrow

What's in store
For us tomorrow?
If we're inclusive and love
We are surely out of trouble

Share your love!
Give a smile!
Just take time
To dream a while

In those dreams
Ask God Almighty
When all things
Will become tidy

And He will sure
Give His answer,
"Do things right,
I'll judge you after."

Live Life

November 20, 2020

Live your life laughing
Live it singing
Live it rejoicing
But most of all loving

Live it well and to the fullest
Don't worry about the rest
Thank always the Almighty
His Grace you'll receive, the best

Enjoy the peace around you
In spirit, heart and soul
The love that you are sharing
Is better than nuggets of gold.

You are an example to emulate
Many people you have touched
The world has been changing fast
And it needs of you, so much

You live life breathing love!
It's extra oxygen for your veins
And all the souls you have reached
Have subdued their hardships and pains.

Matured

I want to know about you
Your wellness and daily routine
Livelihoods and health care
Your return would be supreme

If things aren't going well
It's time for us to converse
Over fine wine and good coffee
Like we used to do then

If you're eager to come home
You know where I hide the key
Once I return from work
I'll be surprised and pleased

We'll analyze and value our lives
This time with great integrity
We'll elaborate a plan of measures
To be carried out responsibly

I am so anxious to see you
I want you to come home
This time things will be right
We have matured from our wrongs.

May

October 2, 2020

May we not have vendettas
May The Law of Love reign
May we not be rancorous
May Our Lord's love not be in vain

May our livelihoods be lived fully
May we know how to give our best
May the whole world tell us
That we are their last breath

It's easier said than done
How hard it is to commit
What can we do then?
Are we really ready to submit?

Let's start by loving ourselves
Just having the power to love
Harmonious souls will start bonding
Due to our affinity sharing love

We just took our first step
Now let's invoke our Divine King
Receiving from Him His Wisdom
His Law of Love we can spring

My Dear

January 21, 2019

If you say you love me
That you miss me badly
Why haven't you call?
I would love you madly.

I don't know why you left
Or about your rough intentions.
If you are still being faithful
We'll keep a stable relation.

Searching for a new love
You're looking far beyond.
No need to search further on
I'm the man you really want.

Keep your feet on the ground
Take all issues just at ease
You know I am your true love
Always eager, you to please.

I am happy you've returned
Trustworthy and full of love
If you keep being faithful
My dear, you'll be beloved.

My Doll
March 8, 2021

My doll is so radiant!
Her precious mouth entices me
Rosy pink are her sweet lips
She opens them provoking me

Her eyes are emerald green
Wavy, shiny is her black hair
Smooth cheeks with glittering rouge
Her long neck, I love to stare

Her body is like a Flemish guitar
When its strings play in accord
Her torso starts to contort
Giving me pleasure and comfort

She is a complete feminine lady
Her body is more than her beauty
She needs no makeup or jewels
My doll is a natural born cutie.

My Motorcycle

February 1, 2023

On my all-terrain motorcycle
I used to ride across country
Every city that I reached
A love was waiting for me

One day I focused on you
Got to know you very well
Thereafter tying the knot
My freedom losing as well

I still recall what you said,
"You will sell your motorcycle
Those crazy cross-country adventures
You will no longer handle"

How I miss my motorcycle!
The cross-country rides that so pleased!
The cities with all their charms!
In each a love waiting for me

My love nest, I now confess
It's all for my amorous wife
A motorcycle, I no longer possess
That issue was put aside

My Only Goal
November 26, 2022

I know you don't care about me
Still, you're the girl of my dreams
I pledged to make you my only goal
By having you fall for me

You'll feel my presence everywhere
I won't let you see me anywhere
Although you'll be alert and aware
Physically, you'll find me nowhere

Each day I will follow your steps
Like a bloodhound tracking you down
I have noticed you're dressing uptight
And coquettishly giving me the rounds

That's how love evolves once it starts
With a simple flirt when it acts
It consolidates then in our hearts
And our senses begin to react

Our love has flourished since
We have now a firm compromise
The wedding day has been confirmed
You're the only goal, I idolize

Mysterious and Secretive

April 27, 2020

The night keeps rolling along
The moon is in its full phase
Its radiant rays bathe
Earth's surface as it rotates

We see her on the horizon
A gift from Almighty above
Look at the splendorous moon!
It inspires couples in love

She's visible as it rises
Admire the reflective sphere from afar
The night is free from clouds
Its black mantle is covered with stars

The moon freely navigates
Orbiting around the Earth
If daily clouds don't impede
We can see her then emerge

We know a lot about her, but
She's still mysterious and secretive
We perceive her as a neutral body
Where conflicts and wars are prohibited.

Mystical Forces
December 14, 2018

It was a magical lovely evening
A romantic breeze filled the air
A tall figure was standing there
We engaged in a sexual affair

It was consensual, I declared
I was gazing at the stars aware
He was quietly awaiting in the mist
We were expecting the affair

I was so pleased, I dared
So did he, our first affair
We were long, long overdue
For someone to love and care

I believe mystical forces
Played a role throughout the night
Destiny probably had the upper hand
Choosing for us what turned right

Needed Heart

April 8, 2020

I have everything in life
Except a caring, faithful heart
Telling me it adores me
And is willing for dating to start

I have felt the pleasures
That come through time
But the one that I prefer
Has been hard to come by

You're not answering my calls
Still, I'm feeling your intentions
Walking coquettishly to arouse me
With your flirtatious provocations

The idyllic scene you're playing
I'm giving it close attention
We are having our first date
A "yes", will flare up the occasion

Now we're two enamored souls
Our love relation we have explored
Reaching its inner core
Going beyond, looking for more.

Never, Heart

November 13, 2021

Never tell, dear heart
How much you love her
Don't reveal your assets
You still don't know her

Never tell, dear heart
Your full life's story
And she will stay intrigued
Waiting for your time of glory

Never boast, dear heart
How you are really
She will keep enthused
Pleasing you dearly

Never pretend to be the first
Then she will understand
That you are her man
With a commitment on hand

Never let your love become a routine
Never show affection for your neighbor
Dear heart, let it be known
That you will be on time to wed her

No One Knows
December 18, 2020

You don't know what you have
Until you definitely lose it
Your indifference plays a role
And my love, why misuse it?

Everything we take for granted
It happens to everyone
The honeymoon is now over
Its magic spell is completely gone

Nothing, nothing is forever
Let's enjoy the present time
And the memorable passed ones
In our thoughts just remind

No one is indispensable
The only one that prevails
Tolerates all differences
Never showing to be frail

Life is not easy to cope with
A constant struggle each day
Better days will only come
With consensus on the way

In a short or long-term
We are here to be judged
Time will still bring consequences
We'll all be dealing with such

And at the end of the road
Old and bedridden we remain
Nobody will know for sure
Who will take our burden and pain

Nothing
July 28, 2019

Like everything in life
Nothing, nothing is forever
Whatever passed is gone
Let's enjoy present endeavors

Our first love ended long ago
You're still obsessed with it
I urge you not to insist
Now my life has a new twist

Stop wasting precious time
Dwelling on our first love nest
The love ashes that were left
Time and wind have long dispersed

I hold nothing against you
I am feeling now at ease
I have pledged myself
My pending years to live in peace

Now, Dear Friends
April 18, 2020

Our separation has commenced
You are still my love solely
Our union is now over
I am so sad and lonely

We are now dear friends
The livelihoods we endured
Were pleasant all the way
In our minds they'll perdure

We are living our golden age
As cordial friends we'll exist
Wherever you're being cared for
My affections you will receive

I'll be present in your mind
Your affections, I'll be receiving
My caregiver will be assisting
Telling me of your well-being

This sad, inevitable resolution
Was caused by our poor health
Longevity has taken its grip
We need optimal care and help

It seems it was yesterday
We were two young lovers
Over fifty years went by
And we still have love for each other

Pardon Granted

January 17, 2021

We don't always have to pardon
There are events that life brings
Even though negative ones
Positive they might turn to be

If you pardon, but don't forget
You are still being resentful
You'll be only hurting yourself
You pardoned, but are still revengeful

Your pardon must be sincere
In order to improve relations
Once a pardon is given
One starts to bond without questions

The person being pardoned
Must feel he deserves it too
His body language must really show
That he is grateful to you

The one conceding the pardon
As well as the one receiving
Should feel a rewarding feeling
Thus, it being very pleasing.

Passion Portrayed
September 1, 2020

Come to my life, my dear
You completely own my soul
You are here to love me
That's all I need to know

I feel very happy each day
As you hold me in a cozy embrace
Which unexpectedly often happens
During the course of the day

You cuddle me at night
Just to be by my side
I place my arms around you
Pleasing ourselves overnight

We shared all our dreams
That we had through time
And still become aroused when
Some of them come to light

With dawn's early breeze
We begin a beautiful day
Still feeling the ardent passion
Our love just happened to portray

Permanent Love
February 14, 2019

Let's celebrate February the fourteenth
It's the date of Love and Friendship
I am looking forward now
For a permanent, loving courtship

I have always been blessed with love
Lovers come; lovers go
But none a permanent known
Just the occasional sexual show

I have had passionate affairs
Others just for pure entertainment
I don't care about spread rumors
I take them as curious comments

Cupid has kept away from me
He has profoundly ignored me
Whenever he decides to target in
My true love will show, indeed

I feel deep within my heart
That there's a caring soul looking for me
I'll have no doubt, once it arrives
My permanent love will be here to keep

I see Cupid making his rounds
By his side a lady in white
She leans on my shoulder to say,
"I'm here to be your loving wife."

Positive Thinking

October 2, 2020

Focus on positive thinking
The way to live a better life
You will be leaving behind
The painful struggles through time

There is no need to recall
Annoying and fastidious issues
Time will eventually heal them
Saving you some money on tissue

Look at the bright side of things
It would always be rewarding
Once focused on your objectives
Your livelihoods, you'll be enjoying

Tranquility and felicity convey peace
Guiding you for the rest of your life
And when adversities come to light
You're ready to brush them aside

Pretty

October 15, 2022

Pretty, you are so lovely
White, a perfumed rose
Shiny, a grandiose goddess
Lucid and splendorous

Your mouth, a bright red ruby
Those lusty lips, I want to kiss
You know how far, I'll go to please
It won't take long, I will proceed

I feel, and it is noticed,
That my skin suddenly blushes
When your body with mine brushes
My blood instinctively rushes

Dressed up in white, so fabulous!
And with your charms, so amorous!
We're at the altar, pledging our vows
Becoming now, husband and spouse

Pristine Waterways
April 23, 2020

The oceans, seas and lovely beaches
Are wonderful, fun areas to be
Enjoying the sun, the coral reefs
The wellness that is perceived!

A day at the beach is fun.
Having the whole family together
Keeping everybody united
Even through stormy weather

Going on a fishing trip
Or just viewing the sea
A myriad of water colors is seen
From blues to emerald green

By skin diving or just snorkeling
Worries are brushed aside
You will have peace of mind
Pleased with the aquatic life

Thus, making our day complete
We focus on a cleaning team
Having knowledge of Earth's fragility
We police to keep our waterways pristine

Rachel

April 5, 2021

I don't know, but it happened
I fell for you like a fool
Destiny pushed me to play the role
Wanted me to go by the rule

I was content with a hundred ladies
And free without a commitment
Until I affixed myself to that one
Usually absent, but different

I looked for her every day
She didn't show up to be seen
I had to ask for her name
Rachel rapidly made the scene

She gave me her cellular number
As well as her home address
I asked her to go on a date
And she said yes to my request

Due to our compatibility
We are enjoying our life
By knowing each other so well
We became husband and wife

Ready to Love

July 8, 2020

I am ready, ready to love you
Are you ready to love me too?
The spring season has just commenced
Fertile terrain to be attuned

I am ready, ready to take control
Love is disseminated throughout the night
But you are not here, my love
Your flame then, I can't ignite

I am ready, ready to love you
"Mamacita" you're so far from home
Come to "Papacito" to appease the storm
Before something goes terribly wrong

I am ready, ready to love you
Since you left, I've been all alone
I just heard a knock at the door
It's you about to enter the home

I am ready, ready to love you
It was my fault you walked out the door
Our love story is now restored
I will please you more than before

Red Flag
June 14, 2019

I am a married man
With a sworn commitment
A red flag is waiving high
Your love for me is forbidden

It represents imminent danger
It's a dreadful warning sign
No matter how much your plea
I will never cross your line

You came, seasonal swallow,
Begging to settle in with me
Demanding a new nest to live
And I to reneged all agreed

I'm faithful to my sweet, loving wife
I wouldn't cause her any discomfort
With an adventurous migrant fowl
That pretends to infringe our comfort

The migrant season is over
It's time to regress to your old nest
A green flag is flying high
Return using the GPS

Redressing the Savannah
November 30, 2023

The spring season is in full bloom
With a spectacle of diverse butterflies.
Everywhere flying, gliding and posing
A delightful, colorful show for our eyes.

I enjoy observing them by the thousands
The Monarch, being the prettiest of all
Posing all over the flora
Pollinating flowers all season long

On the vast, open Savannah
A lovely garment they form
An orange, black and white apparel
A tricolor bright uniform

They bunch up and hang up on branches
Like grapes when they are ready for harvest
Contrasting with flowers and foliage,
Suitable for scenic and photographic poses.

They journey as far North to Canada
Regressing via Texas in the spring
Hibernating to energize in Mexico
To secure their generational offspring

Right or Wrong
June 23, 2020

Whatever you did in life
And you can still recall
Whether it was right or wrong.
It was part of growing up

Some things linger through life
Don't give them too much thought
They come and halt like trains
After the run, nobody's on board

Keep up with your livelihoods
Enjoy them till the very end
Always put up a happy face,
Keeping close, family and friends

And at the end of the road
Whatever it's there to show
It will be for the Almighty
To judge the blueprints of our soul

Russian Roulette

September 10, 2020

You're returning to be loved
You know it can't be done
I warned you being married
And faithful to my only one

Still, we had a one-night stand
We were so delighted then
But remember we pledged ourselves
Never to see each other again

Let me ask, now that you're here
If you were in my wife's place
Would you allow another woman
To flirt with me all the way?

You still insist in being loved
Knowing it just can't be done
Like playing the Russian roulette
A surprised discharge won't be fun

Having an affair here and there
Can become an addictive game
And like the Russian roulette,
A shot might blow out your brain

Sacred Mandate

January 24, 2021

I want to be your lover
Don't ask me to be your friend
The minute I laid eyes on you
My desire is to be your man

I'm feeling a strong attraction
My love for you is genuinely real
Now you know how I feel
Our idyllic romance can't be concealed

It is on an ascending mode
Soon to be one hundred percent
By caressing, kissing and caring
There's no need for us to pretend

We are enjoying the ardent passion
Our love, memorable will be
And you will feel overwhelmed
Receiving the pleasures, I give

The days will continue to roll
Our romance will flourish day by day
Until obliged and ready to say
"Yes, I do", to our sacred mandate.

Sarah, Sarita and Saraí

September 13, 2021

Leisuring through the prairie
I walked casually upon them
They were three precious gems
Staring at me, overwhelmed

The first gem was Sarah
I saw her winking an eye
The second gem, sweet Sarita
Flirtatious as she passed me by

The third gem, lovely Saraí
I heard her name very well
Then we became very pleased
When we all finally met, indeed.

That's what I overheard
From Sarah, Sarita and Saraí
We have become close friends since
Walking the prairie over again

My heart has chosen the gem
Which it deeply prefers
For now, it won't reveal the name
Assuring there's no reverse

So Much

July 3, 2021

I have so much to give you
Many kisses here for you
But you're so far away
Impossible for me to do

I'm waiting for your return
And you will receive from me
My truthful and faithful heart
Exclusively for you to keep

I will arouse your five senses
Once you make our home the scene
Triggering the hidden passion
That you have reserved for me

I had to go over to get you
Awaiting, I could no longer resist
I need you close to my side
The reason I had to insist

I've noticed you're so complaisant
My rescue caught you by surprise
Now that we are all alone
We'll love each other with pride.

Sonorous Coquí

March 26, 2020

Look at what I saw
Look at what I see
Up upon my window
A precious Coquí

The bromelia plant
Is the home it lives
Coming out at night
Everyone to please

This one looks so shy
Also looking slim
Still is getting ready
Anxious to tune in

Co, co, co, co, co, co, coquí
Making my nights cozy
Sonorous Coquí
Co, co, co, co, co, co, coqu

You just took a leapí
Now you're on the screen
Elusive, sonorous
Now you can be seen

You're calling your mate
Frequency is tuned in
Surely, she'll comply
Coming you to see

I hear every evening
Just a single hymn
As soon as it starts
A whole symphony

During the concerto
Comes my time to sleep
I will count coquíes
Won't be counting sheep.

Sun and Moon

April 6, 2020

We are invited to a wedding!
It's the hot Sun and the bright
Moon
Two precious heavenly bodies
Ready, willing, able and savvy
Are to be married pretty soon

The Sun wants his bride to look
radiant
As she walks slowly down the aisle
A golden halo over her head
With a crown of stars, brilliantly set
And a sparkling veil, a mile in
length.

He wants special epidermis care
For her delicate facial skin
Her makeup to be superb
Eliminating all dust and debris
Till her surface becomes crater free

She'll be lucid on the wedding day
In her lovely full moon array
Her rays obviously illuminating
The activities of the glorious day
With a wondrous, magnificent
display

The wedding entourage present
Jupiter will be the elegant
godfather
The Earth, the perfect godmother
Venus, the bridesmaid of honor
And Mars her worrier partner

The celebration held in the Milky
Way
Will be witnessed by the
groomsmen
Saturn, Mercury, Neptune, Uranus,
Pluto from afar, his orbit will bend
All of them good wishes will send

The ceremony will be officiated
By Our Almighty, Father of the
Creation
A once in a lifetime event
Blessing the Sun and the Moon
Wishing them an eternal, joyous
relation.

Supreme Love
February 6, 2020

Everything was obscure and dull
But I started to see the light
Now I am part of your life
You lit my flame overnight.

I find your loving supreme
Difficult to break apart
Enjoying our ardent passion
You'll find secrets from my heart.

Our future is looking bright
Having you by my side
I feel deeply obliged
To become your loving drive.

The assets of our lives
We'll always add and multiply
Never subtract or divide
Our nuptial knot we'll tie.

That Guy

September 19, 2018

I don't know why
You chose that guy.
I have been faithful
All my life.

The excuse you gave me,
A solid lie.
There is no valid reason
To justify.

It seems that guy
Had a good time
Our firm commitment
You jeopardized.

Or could it be
You were deceived.
He promised you
A better life.

No matter what
That guy's M.O.
He's just a joke!
You'll get to know.

I see him walk
With a new flame.
He passes by
No guilt, no shame.

I won't forgive.
The harm is done.
Just carry-on,
From you, I'm gone.

The Enchanted Trail
February 1, 2021

An elusive, enchanted trail in the woods
Known as The Hummingbird Well
If you find it and walk it
You'll be sensible to a love spell

If you walk on the enchanted trail
You'll perceive a grand attraction
A royal princess coming from afar
In a quest for a romantic interaction

She's here looking for affection
You'll feel her intimate call
Both will receive a big surprise
Destiny will play a major role

She'll give you a great smile
Reserving for you her treasured trophy
She'll perceive you're her noble prince
Confident, you'll be her hubby

The charming princess from the woods
Finally got herself an adventurous mate
Whom found and walked the elusive trail
Responding with love her long await

The First Time
October 29, 2020

We were young when we met
Then many dates we addressed
With dignity we honored ourselves
Our love flourished with grace

We made a dear commitment
Agreed on a wedding date
Walked down the aisle of love
Pledged, yes, I do, our mandate

It was a night to remember
Under a pleasurable full moon
That was how it all commenced
Our passionate fiery honeymoon

It was our precious first time
It's still an unforgettable night
You made a man out of me.
I made you a woman that night

Today we are two happy souls
With love always in the air
The future is looking bright
Our love we'll cherish and care

The Kiss

December 22, 2022

The sudden kiss that you gave me
Surprised me so much, indeed
People that were present
What they saw, couldn't believe

I consider you my friend
I knew you professed for me feelings
But I never suspected from you
The ardent kiss you were giving

One hundred and eighty degrees
Our friendship took in a second
And with every passing day
With our love, we're overtaken

That profound kiss I received
Provoked my senses to arouse
My heart turned a new light
I want you to become my spouse

Things are looking so bright
Whenever we are socializing
Our commitment is well known
With wedding plans on the horizon

The Old Pathway
May 19, 2020

We're walking the old pathway
For us a memorable place
Many, many years have passed
And we're here thrilled and amazed

Slowly pacing step-by-step
Finally made it to the end
We stopped by the old bark tree
Young it was like we were then

We found our initials engraved
By examining meticulously its bark
We took time carving them then
Deep enough they are still intact

We're living today our golden years
Often reminiscing strolling out there
Just to carve deeper in the bark
Keeping them visible, giving them care.

We will be returning very soon
We are pleased with what we've found
Our initials are still standing tall
Showing our love is still profound

The Only One

February 3, 2020

My heart is completely yours
I'm sure without a doubt
You are the only woman
My heart is all about.

I have engaged in affairs
But none like yours,
I declare I want to make you aware
That real love is in the air.

It's not enough just to share
You're beyond my expectations
I want to see more of you
In a permanent loving relation.

I can see it in your eyes
You want to be mine
Don't be afraid to be
I know it will come in time.

It's time to pledge our love
Time to say, "I do."
Forever we'll be together
I'll be faithful to you.

The Perfect, Sensible Storm
September 13, 2022

The day you came to me
I was alone, single and free
You whispered with your lusty lips
I am here for you to please

You made it just in time
I was expecting something like this
A faithful, sensible, perfect lover,
Not to put my love at risk

You are the perfect, sensible storm
In it there is love for long
Caressing all over my body
Making our love firm and bond strong

I have never experienced
Something so tender like this
Our future will be sunny bright, indeed
With livelihoods of love and peace

The Womanizer

October 13, 2020

I know why the females are coming
It's due to my fiery love
Obtaining what they prefer
With passion and enjoying it all

I am complaisant with the ladies
Sharing with them love and control
By making verbal accords
Our instincts we start to unroll

I don't make any commitments
I made that mistake once before
I clipped my wings, so then
I only had a woman to adore

The relation was an inferno
It all became a routine
I was losing precious time
Other women I started to see

I am called the womanizer
A description I fully fulfill
For all my pleasing concerto
I receive hundreds of dollar bills

To My Love

February 3, 2020

When the sun doesn't shine
Due to an extreme cloudy day
I will be your ray of light
Thus, you'll have a clear day

I'll gift you the stars above
Affix them to your dress
Your apparel will shine bright
Seen throughout the universe

The moon will illuminate
The facade of your pretty face
It will also be revealing
Your body's virginal grace

I'm observing the morning star
Flashing on and off
It must be you from the start
Signaling it's time to be loved

A rainbow appears in the blue sky
As splendorous as opportune
We perceive it as, "The Arch of Love"
Implying our marriage will be soon.

Total Love
October 3, 2020

I have so much to give
Many kisses here for you
But you're so far away
Impossible for me to do

I'm expecting your return
Once you're here, you'll receive
My true, faithful heart
Solely for you to keep

All the passion you have hidden
That you have reserved for me
I will trigger when I see you
And you will be loving me

I have come for you, my dear
Awaiting I can no longer resist
I need you closer to me
Let's go home, I must insist

You're complaisant and look happy
I surprised you coming here
Now that we're all alone
Our total love we'll steer

True Love

May 24, 2020

You are my lover
You're not my friend
That's how we stand
I am your man

I know you love me
And I love you too
We love each other
Our love's so true

We hold each other
In full embrace
If time permits
Throughout the day

Under the full moon
We stroll with grace
And hope our wishes
Are not delayed

Deep in our hearts
The time is ripe
To pledge our vows
As husband and wife

Two Doves
August 20, 2019

Nobody can break or stop
Our love that's so real
Almighty is the only one
Who can break what we feel

When you are far away
I start counting the hours
Pleased with your safe return
I feel so deeply enamored

We're like a pair of happy doves
Flying towards the highest tower
Destination, our love nest
To make love now and days after

We know what happiness means
Living in the open country
Feeling the fresh, pleasant breeze
With our cooings in the early morning.

We are a pair of happy doves
Living in the open country
Feeling the fresh, pleasant breeze
With our cooings in the early morning.

Walking in Grace

September 16, 2022

We'll walk forever these halls
Where our lives first began
Still, it is said, that at the end
Our lives will really end

That's not true, death's just a pause
A body exchange, that's all
It's a renewed cycle of life
Reincarnation taking hold

Our unique spirit and soul
Will always be the same
A new mission is assigned
By Our Almighty ordained

Yes, we are immortals!
And forever walking tall
These halls, in Grace
In Grace, these halls

We'll Wait and See

October 2, 2022

Everything in life
Comes to an end
But the doubt exists
So, we'll wait and see then

If everything has an end
Why worry then?
Let's follow the flow
To enjoy every trend

It seems that destiny
Controls our souls
Imposing since birth
Our future goals

So, let's do the best
By sharing with others
Life is so short
So, let's love each other.

Wealth and Power
April 17, 2021

All religions have their issues
Always outdoing each other
Like governments do when
Gaining power over another

Each one claims to be the best
Putting their adversaries to the test
But I know different instead
Once in power; what a mess!

None is worthy, I declare
There's a constant struggle there
How much money is fair to bear?
Wealth and power are all they care

Remuneration does the talking
What a way to spread the word!
And church goers like flocks of birds
With their offerings, it's so absurd!

Weigh It Down!

April 24, 2020

I saw you walking along
It was a lovely sunny day
You came home late that evening
Blaming it all on the rain

You lied, just want to play!
Looking forward to be entertained
I am tired of your foolish games
I need a permanent flame

You left going far away
The best news of the day
With me you have to behave
Your acts were rather insane

If with me, you still want to stay
Everything will go my way
I want a permanent flame
With excellent credentials obtained

You announced a serious return
My mind you have completely blown
I have to weigh this one down
If I am to welcome you, home.

What for?

July 25, 2021

I don't need your kisses
Don't come kissing me now
You have long been gone
There is nothing to kiss about

Now you want to return
When you left, you were replaced
Don't come caressing me now
Your flirts, I can't embrace

Once you left, I received a favor
A new love entered my life
I welcomed my next-door neighbor
She was available, on time

The outcome of your departure,
You lost your dignity and pride
Homeless roaming the city streets
By renting for a good time

Finding the perfect man
I wish you the very best
Once rescued from the streets
Be faithful to his requests

Why?

July 13, 2021

Why so much suffering?
Why so much pain?
Since birth, for the newborn
Afflictions will reign

Growing up we all learn
What's right from wrong
That's how we choose
To live and go on

I see so much injustice
There's chaos everywhere
Is it that the dreadful evil
Pervades our breathing air?

People say life's not easy
I am very well aware
Nothing is for free
But let's not despair

We all learn and strive
Through trial and error
For suffering and pain
Time's our only savior.

Wings

February 14, 2021

I want to fly; I have no wings
But I do have imagination
Wherever I want to go
I get there without hesitation

Everything I perceive
I write in rhythmic fashion
It being an idyllic romance
Or an intense, torrid passion

The sublime verses that flow
Lead couples to fall head over heels
And their heartbeats will exhilarate
Declaring the love, they feel

It's a hidden, secret world
The wings of the imagination
Unique to every human being
Flying free in any direction

Wings, soaring towards the wind
Goes flying my imagination
Always with positive inspiration
To fulfill dreams with fascination.

Without a Worry!

November 21, 2022

Never look back
Keep moving forward
Life is too short
As we all know it

No one really knows
What lies ahead
So, let's just dream
And hope for the best

By doing so
We'll plan on time
Enjoying our life
Making it prime

It's the only way
To complete our journey
In time of Divine Glory
And without a worry

Workaholic

April 15, 2023

Why haven't you called
Or texted my love?
It's you, I adore
I'm feeling ignored

Whenever I call you
Your phone rings for long
I hear a voice saying
Leave your message after the tone

I'm obviously hurt
You're a workaholic
You don't take leisure time
To make our love solid

I met your intimate friend, Lucia,
She noticed I was sad and lonely.
"Don't worry about her," she said,
"Because I'll care for you, devoutly".

Immediately my issue was resolved.
I asked her for a date
And due to our compatibility
We've been dating till very late.

Continue with your work addiction.
Your friend is now my new love.
She has given me her affections.
She came to me and resolved.

Yes, I do!
June 17, 2019

I want to be your lover
Don't ask me to be your friend
The day you and I met
I knew it was love firsthand

I feel for you a strong attraction
You know now the love I feel
I still have a past to heal
But what I feel for you is so real

We have polished our relation
We are now two happy souls
Kisses, charms and close attentions
Playing now important roles

You will feel my ardent passion
All the love you can withstand
You will be overwhelmed
Feeling it never to end

Days come by; others roll
Our love's in perfect mold
Wedding Day is coming soon
"Yes, I do!" our common goal.

Yolanda

January 19, 2021

My heart has the recipe
Showing how you should love me
Now that you're here, Yolanda
Consider it, approaching me

Start caressing and kissing my neck
Hands sliding the sides of my head
Fingers playing with my hair neatly set
With this recipe, we're both content

Your body I'll strongly embrace
Our chests now tightly united
Diaphragms start to expand
As heavy breathing keeps us excited

You'll hear a passionate whisper
Close to one of your sensible ears
It is me to let you know
I am totally naked, my dear

Our foreplay is over now
It's time to seek for a run
And with our full naked embrace
We have engaged that center homerun

You Choose Him!

August 8, 2019

Last night I had a dream,
You were walking by my house
Dressed in a white silk dress
The one I gifted you, no less.

You maintained your elegant pace
In a rhythmic coquettish display
Of shoulders, thighs and fine legs
Attributes of the feminine sway

You looked radiant in the jewelry set
A special gift from me then
A ring, pendants and pearl necklace
Which symbolized what our love meant

Your black hair was cut short
Styled lovely in a lucid wave
Your eyes made contact with mine
Being the last show of the day

Our reality is you chose Him
I lost your love to His Power
You pledge to nun's vows
It was your decision and grandeur

AGRADECIMIENTOS

La profesora María E. Petrovitch Marty colaboró totalmente en la edición de la sección en español de mis dos poemarios anteriores "Cien preciosas piedras pulidas" y "Doscientos tres poemas que amar". Le agradezco infinitamente su trabajo y el tiempo que dedicó a editar la sección de mi tercer poemario "De poemas a canciones", sé que al igual que los anteriores, disfrutó editándolos. Considero a María como familia. María, que Dios te bendiga siempre. Mucha salud deseo para ti.

Mi hija, Mariam Santiago Torres y yo, editamos la sección de inglés. Mi nieta, Coral M. Santiago, tomó la foto que aparece en la contraportada de este libro donde aparezco con sus dos hijos, mis bisnietos, Julián A. Padilla Santiago y Jonás A. Vázquez Santiago de 8 y 5 años respectivamente. Además, aparece mi mascota, Ozzy Polaris.

Esta es parte de mi familia, la cual disfruto tanto. Estoy agradecido de tenerlos en mi tercera obra.

Ademas agradezco a la profesora Jeanette Cruz Bonilla por su valiosa contribucion.

DEDICATORIA

Hoy lunes, 20 de mayo de 2024 completé mi tercera obra maestra titulada "From Poems to Songs", "De poesías a canciones". Dedico este excelente trabajo poético a mi hija Mariam Santiago Torres por su entrega y ardua colaboración en hacer posible esta publicación. Su fiel apoyo e interés en alcanzar mi tercer objetivo, la hacen un pilar fuerte y merecedora de todo mi reconocimiento.

Querida hija, el trabajo fue todo un reto, pero con amor lo logramos. Recibe mis bendiciones y el amor de un padre que te adora y está sumamente agradecido.

BIOGRAFÍA DE
LUIS A. SANTIAGO MATOS

Mi padre Luis Ángel Santiago Matos nació en Cabo Rojo, Puerto Rico un 16 de noviembre de 1946. Sus padres fueron Ángel F. SantiagoRamírez y Brunilda del Carmen Matos Montero. Tiene un hermano mayor llamado Ángel F. Santiago Matos.

Estudió sus grados primarios en la Escuela Federico Degetau en Llanos Tuna. Estudió los grados secundarios en la Public School 43 (P.S.43) de Nueva York. Regresó a Puerto Rico y estudió el décimo grado en la Escuela Superior Luis Muñoz Marín de Cabo Rojo. Los últimos dos años de escuela superior los cursó en la Haaren High School de Nueva York.

Contrajo nupcias en Cabo Rojo, con Luzbaldí Torres Rivera el 20 de enero de 1968. La pareja se traslada a vivir a Nueva York. Mi padre fue reclutado por el ejército de los Estados Unidos de América el 19 de abril de 1968. Mi madre, regresó embarazada a Puerto Rico, mientras él fue asignado al Teatro de Guerra del Pacífico, estacionado en Korat, Tailandia. Sirvió catorce meses en ese país y terminó el servicio el 25 de noviembre de 1969, dos días antes de yo cumplir mi primer añito. Ya en Puerto Rico, construye nuestra casita de cemento y madera.

Cursó sus estudios en el Recinto Universitario de Mayagüez y participó en el programa de preparación de maestros bilingües para la enseñanza pública elemental como segundo idioma. Se graduó en el 1977. Enseñó inglés en las escuelas S.U. Sabanetas Maní y la escuela elemental Segundo Ruiz Belvis, ambas en Mayagüez. Luego se trasladó a Cabo Rojo y enseñó en las siguientes escuelas: S.U. Pedro Javier Petrovitch (Puerto Real), Luis Muñiz Souffront (Joyuda), Juan E. Silva Asencio (Sabana Alta), S.U. Federico Degetau (Llanos Tuna), y la S.U. Carmen Vignals Rosario (Boquerón). A la comunidad de Puerto Real le dedicó 21 años de enseñanza en inglés.

Más tarde nacieron mis hermanos Sophy Marie Santiago y Luis Ángel Santiago "Bomby".

Además, es abuelo de cinco hermosas nietas: Desireé Marie, Valerie Nicole, Coral Mairis, Cristal Merlis y Sofía Gabriela. Y hoy cuenta con un hermoso bisnieto, Julián Antonio.

Luego de treinta y dos años en el magisterio se retiró el 24 de julio de 1999, ¡y a buena hora! Desde el 2000 se ha dedicado a escribir poesías y de las que dice son su vida, sus joyas pulidas. Hoy siente gran satisfacción con su segunda obra "Doscientos tres poemas que amar". Entre ellas destaca las poesías "Formula para subsistir," "Nadie sabe" y "Lamento del anciano," que fueron escritas en inglés y español.

Padre querido, estoy muy orgullosa de ti, te amamos. Dios te bendiga siempre.

Tu hija,
Mariam

DE POEMAS
A CANCIONES

LUIS A. SANTIAGO MATOS

CABO ROJO'S BILINGUAL POET

, EASY WRITER, 2017

TABLA DE CONTENIDO

Segunda columna de números-versión inglés

INTRODUCCIÓN

Mi tercera obra maestra, el poemario "From Poems to Songs", "De poemas a canciones" consiste de ciento dos poemas en español y ciento cuatro poemas en inglés, de los cuales cincuenta y cuatro fueron escritos en ambos lenguajes. Este título tiene un propósito bien particular y es deleitarlos a todos con la versatilidad que tiene la poesía. La poesía no solo se lee, recita o declama, sino que se puede cantar y hasta bailar.

Así que a leer, recitar, cantar y bailar mis poemas. Estas cuatro destrezas colocarán a la poesía en su merecido lugar, dándole su debido reconocimiento y posición en el gran mundo de las letras. Cuando lees un poema, te aprendes la lírica. Luego al seguir leyendo, la recitas o declamas. Si das lectura al poema con rapidez, lograrás rimas y tonos hasta dar paso a la melodía. Con la práctica cotidiana conseguirás cantarlas sin mucho esfuerzo. Según tu gusto de este genero artístico, disfrutarás de melodías inimaginables, ya sea, bolero, balada, vals, merengue, tango, danza, reggaetón, zamba, bomba, plena, aguinaldo, en fin, tú decides la melodía que la hará única y especial.

Mis poemas generalmente cuentan con cinco estrofas de cuatro versos cada una. Para cantarlos, repite algunas estrofas completas y también varios versos. Esto hace que surja una excelente canción sin quitarle merito a la poesía. En poco tiempo estarás disfrutando de mis poemas convertidas en canciones. Vive la experiencia de la versatilidad de mis poemas, disfrútalas y compártelas.

Luis A. Santiago Matos
"Easy Writer"

PRÓLOGO

Así como es la vida, misteriosa y compleja, así también es el infinito universo. Cada ser humano es un mundo que piensa y obra diferente. Nos hacemos tantas preguntas acerca de la vida y la respuesta nadie la tiene. Lo que aceptamos hoy, mañana puede que tome otra perspectiva y aquello que no se aceptaba, sea lo que actualmente se viva. La vida está en constante evolución.

Muchos de mis poemas contienen temas que provocarán desacuerdos con la opinión o el sentir de alguna gente. La tolerancia es bien importante para lidiar con estos. Incluso, la tecnología actual va desarrollándose a pasos agigantados y será la que nos traerá cambios fundamentales en nuestras vidas, de manera que muchas barreras se romperán y viviremos siendo inclusivos en toda innovación de índole social.

Escribo para un público diverso y no para satisfacer a individuos o grupos. Todo el mundo necesita aceptación y tener buena calidad de vida. Los poemas que aquí dedico son disfrutados por el público en general, sin ataduras. Aquellos poemas que contengan algún punto neurálgico o controversial provocarán intercambio de ideas y conversaciones, al igual que los demás poemas que son de su agrado. Puede que algún día ese poema que no fue de su parecer, más tarde lo sea; todo es cuestión de tolerar, respetar y vivir armoniosamente la maravillosa diversidad social.

A mi amada

3 de febrero de 2020

Hoy no ha salido el sol
por el cielo estar encapotado.
Soy tu rayito de luz,
manteniendo tu día despejado.

Las estrellas del cielo bajé
y en tu vestido las fije.
Tu vestuario luce ahora radiante
y desde los confines del universo se ve.

La luna llena te ilumina
el entorno de tu linda cara,
además, revelará el perfil
de tu figura inmaculada.

Observo un lucero distante,
constantemente prende y apaga.
Debe ser tuya la señal,
deseando ser amada.

Aparece un arcoiris de norte a sur,
tan esplendoroso como ninguno.
Lo percibimos como, "el arco del amor",
presagiando nuestro maravilloso futuro.

A punto de caramelo
21 de marzo de 2020

Ayer nos volvimos a ver,
nuestra amistad empezó a florecer.
Nueva cita acordamos tener,
pronto nos volveremos a ver.

Nos hemos citado varias veces,
la relación cada día se fortalece.
Cuando no estás a mi lado,
te tengo en mi mente presente.

Te llamo en la mañana,
como lo hago diariamente.
Me encanta escucharte decir,
"Estoy loquita por verte".

Cuando salgo del trabajo,
a tu casa voy a parar.
Tan pronto ves que llego,
mil besos me vienes a dar.

Al compromiso que hicimos,
sólo le faltan dos pasos,
está a punto de caramelo,
pronto ataremos el lazo.

A, E, I, O, U del amor

16 de abril de 2021

Con las cinco vocales
expreso mi amor sincero.
Con la **A**, te **a**mo
y con la **O**, te quier**o**.

Con la **I**, te **i**nvito
y con la **E**, te **e**spero.
Con la **U**, mi corazón,
única mujer que prefiero.

Te **a**mo, te quier**o**,
te **i**nvito y te **e**spero.
Eres la **ú**nica mujer
que a mi lado venero.

Con estas cinco vocales
expresé mi amor sincero.
Con la A, E, I. O, U,
ya sabes cuanto te quier**o**.

Adicta al trabajo

Sé lo que pasa contigo.
Me siento por ti abandonado.
No me das una llamadita,
ni por el día has texteado.

Te llamo al celular,
timbrando se queda largo rato.
Luego sale una voz que me dice,
el número no ha sido configurado.

Otras veces sale y me dice,
después del tono,
deje el mensaje grabado.

Esto me tiene preocupado.
Sé que eres adicta al trabajo
y no sacas el tiempo
para estar aquí, a mi lado.

¡Tengo que darle a esta un tajo!
¡Tengo que darle a esta un tajo!

Me encontré con tu íntima amiga,
Lucía.
Observó que estaba triste y
agobiado.
Me dijo, "No te preocupes, cariño,
porque de mí tendrás mejor trato".

Resolví mi problema de inmediato,
con ella salí un largo rato
y por ser ambos compatibles,
hoy día disfrutamos de ratos gratos.

Sigue con tu adicción al trabajo,
que a lo nuestro ya yo le di un tajo.

Advertencia

Aviso, aviso, hay peligro,
si vuelves y regreso contigo.
El tiempo que convivimos
no fuiste sincera conmigo.

Ahora quieres regresar,
aquel pasado no lo olvido.
Tendría que ser por fuerza mayor
o una imposición del destino.

Lucharé con cuerpo y alma,
desafiaré al propio destino.
Jamás contigo regresaré,
volver no tiene sentido.

Hoy día tengo un nuevo querer,
que siempre se pasa conmigo.
Me respeta, valora y comprende,
lo que tú nunca hacías conmigo.

La tempestad ya pasó,
la advertencia se descontinuó,
el peligro ya cesó,
mi nuevo amor prevaleció.

Agradecidos de Dios

4 de mayo de 2021

Qué bueno es uno sentirse feliz,
estar completamente enamorado,
teniendo siempre a su lado,
la mujer que siempre se ha amado.

Iniciándose los grados primarios,
por ella sentí una gran ilusión.
Al comenzar nuestra adolescencia,
iniciamos una íntima relación.

Por aquella hermosa vereda,
bañada por los rayos del sol,
nos desplazamos una mañana
y disfrutamos el primer beso de amor.

Fue una tórrida pasión,
cual fácilmente al altar nos llevó.
Hoy día somos felices los dos,
viviendo agradecidos de Dios.

Aguas prístinas
25 de abril de 2020

Los océanos, mares y playas hermosas
son áreas de sana recreación,
disfrutamos los arrecifes coralinos,
sus paisajes de increíble formación.

Un pasadía en la playa es primordial,
nos llena de gran satisfacción.
La familia felizmente compartiendo,
con música alegre, avivando al corazón.

Los colores de agua cristalina,
matices de azules y verde esmeralda,
deleitan a todo el que los ve,
quedando prendados en su alma.

Hay un sinnúmero de actividades a realizar,
bucear, pescar, y caminar por la playa.
Se vive un día maravilloso, ejemplar,
quisiéramos que nunca terminara.

El pasadía llegó a su final,
ocupándonos de la limpieza,
protegiendo así, nuestro ambiente,
ayudamos a conservar su riqueza.

Ahora queridos amigos

28 de marzo de 2020

Nuestra separación comenzó,
me sigues queriendo.
Terminó nuestra unión
y sabes cómo te quiero.

Ahora somos queridos amigos,
vivimos muy agradecidos.
Todo aquel tiempo convivido
fue felizmente compartido.

Estamos en la edad dorada,
perdurará una cordial amistad.
No importa donde te cuiden,
mi afecto recibirás.

Sé que me recordarás.
Mi afecto reciprocarás,
lo recibiré con mucho amor.
Mi cuidadora me informará.

Esta triste inevitable realidad,
etapa que trajo el destino.
Viviendo la avanzada tercera edad,
es primordial el óptimo cuido.

Parece que fue el día de ayer,
éramos una pareja de tortolitos.
Han pasado más de cincuenta años,
amando, cantando y volando bajito.

Alas

14 de febrero de 2021

Quiero volar, alas no tengo.
¡Pero si, imaginación!
Dondequiera llegar, llego,
sin ninguna dilación.

Todo lo que percibo,
lo plasmo lleno de emoción.
Ya sea un romántico idilio
o una tórrida pasión.

Versos sublimes que fluyen
enamorando, dada su fuerte afección,
acelerando a muchas parejas
los latidos de su corazón.

Es un mundo escondido y secreto,
las alas de la imaginación.
Únicas en cada ser,
volando libres sin condición.

Alas, alas al viento.
¡Vuela mi imaginación!
Proyectándome positivo,
recibo una gran sensación.

Amanece

16 de noviembre de 2018

Amanece, amanece, amanece,
ya se asoman los claros del día.
Todo lo que ayer fue porfía,
ha quedado atrás, vida mía.

Hoy cantamos una nueva canción.
La mañana nos trae alegría.
Caminemos senderos de paz,
el sol saliente nos sirva de guía.

Nuestro amor sigue ruta ascendente.
Nuestras metas se cumplen con valía.
Viviremos en franca armonía,
logrando lo que no se podía.

Observemos el derroche de estrellas
de este amplio y bello horizonte,
cada vez que al día le arrope
el negro manto de la noche.

Amanece, amanece, amanece,
reluciente el alba este día.
Despertemos esta hermosa mañana,
escuchando una sublime melodía.

Amanece, amanece, amanece.

Amiga fiel

¿Qué me está pasando?
No sé quién soy.
¿Cómo me llamo?
¿A dónde voy?

¿Qué me ocurre?
¿Qué día es hoy?
¿Será que he muerto
o soñando estoy?

No te conozco.
¿Quién eres tú?
Dime quién eres,
dame la luz.

Soy tu mujer,
tu amiga fiel.
La que te cuida
y sabe atender.

Aquí estaré, amor,
siempre a tu lado.
Seré tu guía, corazón,
no sé hasta cuándo.

Amor cautivo

24 de noviembre de 2018

Estoy molesto contigo
por mantenerme cautivo.
Siento frío tu corazón,
quiero saber el motivo.

Sin válida explicación,
¿Por qué solo ser tu amigo?
Sé te voy a conquistar,
quiero tenerte conmigo.

El tiempo será el testigo
y si lo quiere el destino,
nos unirá para siempre,
como siempre lo he querido.

Un simple sí de tu parte,
me ha dejado conmovido.
El amor que te profeso
es sincero y atrevido.

Esta es nuestra realidad,
yo te amo, eres mi amada.
Esta nueva relación
ha quedado consumada.

Amor electrónico

11 de diciembre de 2018

Por el internet nos comunicamos.
Para hoy nos citamos los dos.
Sabremos de cuerpo presente,
si hay química entre tu y yo.

En esta primera ocasión
platicaremos de nuestra intención.
Si la misma está en bendición,
le daremos la debida atención.

Nos veremos una y otra vez
logrando nuestra relación florecer.
Convencidos de un gran amor,
será fiel y firme nuestro proceder.

Tal parece que el destino
en nuestra relación amorosa intervino,
sin la comunicación electrónica,
no hubiese dado contigo.

Hoy día somos felices
forjando objetivos unidos,
navegando las redes sabiamente,
viviremos electrónicamente agradecidos.

Amor lento

Te quiero y deseo.
Te amo con calma.
Llego paso a paso,
enciendo así, la llama.

Pasos lentos doy,
con prisa, no voy.
Llegaré para amarte,
candente ya estoy.

Feliz ya llegué,
tus labios besé.
A mi oído susurras,
"Bésame otra vez".

Ya hemos llegado
al convencimiento,
nos amamos más
al hacerlo lento.

Amor oportuno
10 de febrero de 2020

Comentan que tú me pretendes,
se rumora una y otra vez.
Yo siendo el pretendido,
francamente de ti, poco sé.

Lo murmura toda la gente,
que serás mi mujer.
Eso está en entredicho,
dudo que pueda suceder.

Te llamo al celular,
las llamadas no han progresado,
mensajes de texto he dejado,
ni siquiera uno has contestado.

Por ti me preguntó Isabelita,
le informé que nada sé.
Me dijo, "De ser eso así,
le invito a un café".

A su invitación accedí,
me encantó su compañía.
Durante la misma percibí,
lo mucho que me quería.

Amor permanente
14 de febrero de 2019

Hoy celebramos el catorce de febrero,
es el día del amor y la amistad.
Pero el amor permanente que prefiero
aún no se ha hecho realidad.

En amores he tenido mucha suerte,
unos vienen, otros que se van.
Pero ninguno ha sido permanente,
es solo sexo y nada más.

He tenido relaciones de ardiente pasión,
otras que a uno solo entretienen.
No me importa lo que diga la gente,
lo que opinen me es indiferente.

Cupido se mantiene alejado de mí,
profundamente me tiene olvidado.
Cuando decida lanzarme el flechazo,
lograré mi sueño anhelado.

Cuando sienta en mi corazón
a ese ser que me busca y quiere,
confiado sin duda podré decir,
"Ha llegado mi amor permanente".

Cupido anda dando vueltas, ya lo vi,
consigo trae una joven buena moza,
ella se inclina amorosa hacia mí
y me informa que será mi esposa.

Amor supremo
6 de febrero de 2020

Llegaste a mí como un rayo,
ahora tengo una nueva luz.
Todo estaba tan obscuro,
mi flama la encendiste tú.

Por ser mi enamorada,
estás aquí a mi lado.
Todo lo has iluminado,
estoy súper enamorado.

Tu amor para mí es supremo.
Disfrutemos la inmensa pasión,
descubrirás los íntimos secretos
que guarda mi corazón.

Nuestro futuro luce brillante,
se adelanta la relación.
Poco a poco se va puliendo,
culminará en permanente unión.

Los bienes que ambos tenemos,
los sumaremos y multiplicaremos.
Nunca restaremos o dividiremos
y viviremos el amor supremo.

Amor

7 de diciembre de 2019

Amor, amor, amor,
es la Ley Universal.
Si te amas a ti mismo,
amor podrás tú brindar.

De una manera u otra
el amor a uno le llega.
No importan las diferencias,
amando todo se supera.

Amemos la naturaleza,
fauna, flora por igual.
Toda vida es importante
en este plano terrenal.

Vivir la vida no es fácil,
amando se hace llevadera,
siendo uno siempre positivo,
se tiene paz duradera.

Y al final del camino,
dejaremos un granito de arena,
contribución de nuestro amor
para disfrutar la vida plena.

Angie

Tengo el presentimiento, Angie,
de qué me enamoro de ti.
El día que no te veo, Angie,
lo paso pensando en ti.

Crei que este sentimiento
era sólo algo pasajero.
Pero cada día qué pasa,
más cerca de mi te quiero.

Algo nuevo me está pasando,
amores siempre vienen y van.
Pero el tuyo es único y diferente,
llegó y desca pernoctar.

Me siento tan halagado,
no me importa el que dirán,
de ser tu amor mi destino,
nuestras almas se fundirin.

Ambos somos compatibles,
nuestro idilio navega viento en popa.
Pronto saldrá a la luz
la fecha de nuestra boda.

Aquí se paga

Vienes a pedir perdón
por estar muy arrepentida.
Jugaste con mis sentimientos
como quisiste, ¡bandida!

De tonto no tengo ni un pelo,
me enamoré enseguida
y mi nuevo, dulce amor,
promete ser uno de por vida.

Consíguete un nuevo querer
para que se entretenga contigo.
Luego como basura te tire,
como lo hiciste conmigo.

Lo que se hace aquí, aquí se paga,
es un dicho muy pueblerino.
Por más dura que quieras ser,
tu piel no es de cocodrilo.

Aquí tendrás tu castigo
por tu juego mal habido.
Hoy día sigo con mi nuevo querer,
tu bajeza será tu castigo.

Bandera roja
29 de mayo de 2019

Por ser yo hombre casado,
tu amor por mí es prohibido.
Bandera roja se ha izado,
por ser varios los motivos.

Bandera roja es inminente peligro,
hemos sido apercibidos.
Por más que me lo implores,
no cruzaré tu pecaminoso camino.

Llegaste a mí, golondrina viajera,
querías establecerte conmigo,
que una casita te hiciera
y rompiera mi compromiso.

Soy fiel a mi dulce compañera,
jamás le causaría un enojo,
por un ave aventurera
que pretende cambiarnos de modo.

La migratoria temporada terminó,
vuela hacia tu viejo nido.
Bandera verde la tienes,
regresa con tu marido.

¡Basta ya!
25 de enero de 2019

Me pides que te perdone,
te dé otra oportunidad.
No te puedo perdonar,
basta ya de tu maldad.

Necesito todo el tiempo
para rehacer mi vida.
El tiempo que convivimos
fue una eterna pesadilla.

Te deseo buena suerte
y que seas muy feliz.
Igualmente, de ti espero,
lo desees para mí.

Anda y busca lo mejor,
no te quiero por aquí.
Firme fue mi decisión,
en paz yo quiero vivir.

Hoy me siento realizado,
llegó a mí un nuevo querer,
que me escucha, respeta
y me sabe comprender.

Bella

Bella, eres hermosa,
blanca, perfumada rosa,
luces como gran diosa,
brillas esplendorosa.

Quiero besar tu linda boca,
ese rubí, me atrae, aloca.
Son tus labios sensuales,
sabes cómo me provocan.

Siento y se me nota
cuando mi piel se sonroja
al rosarme tu cuerpo
el mío se alborota.

De traje blanco, ¡Qué fabulosa!
con tu esbeltez, te ves preciosa.
Frente al altar, juras airosa
que serás, mi amada esposa.

Bella, eres hermosa.
Blanca, perfumada rosa.
Todo mi amor es para ti,
mi querida y amada esposa.

Benefactores

Dile por mí, si es que la ves,
que no me hará ninguna falta.
En el preciso momento que se fue,
llegó la vecina a casa.

Me dijo que no me preocupara
por nada, nada de nada;
que me lavaba, planchaba,
barría, mapeaba y fregaba.

Que tres comiditas me daba,
la cama al levantarme arreglaba,
que no me preocupara por nada,
por nada, nada de nada.

Que buena vecina tengo,
con ella no he tenido un revés.
Se ha portado muy bien,
le puedo besar los pies.

Un día me dijo, "Papito,
necesito dos billetes de cien.
No te preocupes, Papito,
es en lo que me siento bien".

Se los regalé sin condición,
ella tenía que ir al doctor
y por ser ella mi benefactora,
yo soy su benefactor.

Brilla tu luz

Siempre brillará tu luz,
por ser un ser sincero
y por doquiera que vayas
alumbrarás al mundo entero.

Por tener esa digna cualidad,
eres la mujer que prefiero.
Mi anhelo y sentimientos,
centrados en ti los tengo.

Tienes otras lindas cualidades,
las cuales voy a mencionar,
eres una guapa hembra
y te das a respetar.

Contoneas tu cuerpo guitarreño,
desplazándote por la vecindad.
Nos quedamos todos perplejos,
aun sabiendo que no es vanidad.

Esa manera de tu caminar
es atributo de tu feminidad.
El vaivén natural que posees
desfilará conmigo al altar.

Cadena de besos

Una cadena de besos
ha dejado huellas en tu cuello.
Al despertar la mañana
es evidente causa y efecto.

Ocurrió en la madrugada
nuestro apasionado, fogoso querer.
Fue tan ardiente el placer
que a tu cuello le laceró la piel.

Te noto tan complacida
y muy sonriente también.
Luces blusa de cuello alto,
lo ocultas todo muy bien.

Feliz me hacen tus miradas,
me llevan a inferir,
que la noche de anoche,
te pude hacer muy feliz.

Con esa cadena de besos,
ambos pudimos reencender,
la llama que lucía apagada,
hoy vislumbra un nuevo renacer.

Coqueta mujer

12 de mayo de 2021

Estoy consciente de tu mirada,
mirándome siento que me devoras.
Siento un inminente deseo de besarte
por toda la piel y la boca.

Tu pícara guiñada que aflora,
es la señal que me provoca.
Mis manos sensibles al tacto,
perciben todo lo que me alborota.

Persiste el inquieto deseo
de mis labios por rozarte la boca
y sentir el fogoso beso,
de ti que tanto acalora.

Al tomarte entre mis brazos,
los sentidos cual viento en popa,
nos miramos con ardiente pasión,
quitándonos toda la ropa.

Por tu vivaracha expresión,
fue que pude comprender,
que, en este mundo de encantos,
eres mi coqueta mujer.

De mi caudal

1 de enero de 2023

Busco músicos y cantantes,
para el debut de mis canciones.
Al interpretar de mi caudal,
se llenarán de emociones.

Mi lírica es predilecta,
vivencias de diversas pasiones.
Cuando disfruten de ella,
le conquistará sus corazones.

Si aún no tienen pareja,
pónganle a mi lírica atención
y le aseguro que, con ella,
les llegará la tan esperada pasión.

Recibirán ovaciones, músicos y cantantes,
al interpretar mis distinguidas canciones
y por ser yo el compositor,
recibirán de mí, mil bendiciones.

De poemas a canciones

De poemas a canciones,
suelen ser mis composiciones.
Repite los versos con rapidez
y melodías lograrás por montones.

Y todas las disfrutarás,
a todos deleitarás.
Con ese son, son, son,
de seguro las bailarás.

Escucha ese bello son,
el que acabas de sonar.
¡Ese son, son, son,
es un son excepcional!

La práctica es esencial,
para un poema cantar.
Se siente gran emoción,
al escuchar la pieza musical.

Debutas como cantante,
cantando mis lindos poemas.
Ya brillas como una estrella
cada vez que uno interpretas.

¡Desafiantes!

No sé porque razón,
no pudo haber la unión
de amor entre tú y yo,
si somos libres los dos.

Tenemos que culpar al destino,
intervino en nuestra relación
y no ha dado ningún motivo,
tampoco una explicación.

El destino es muy cruel,
no acaba de comprender,
que para nuestro amor consumar,
solo esperamos por él.

Ayer fui a visitarte,
te hice una proposición,
tajantemente me indicaste,
"Legal tiene que ser nuestra unión".

Convencidos de nuestro gran amor,
nunca vamos a retroceder.
Seguiremos fuertes y desafiantes
hasta que lo hagamos ceder.

Detalles
11 de mayo de 2020

Observé a una linda señorita,
caminaba solitaria por la calle.
Se desplazaba muy coqueta,
me fijé en el mínimo detalle.

Su cuerpo era como silueta de guitarra.
Sus manos suaves las percibí.
Las caderas y hombros contoneaba,
rítmicas piernas de piel canela, le vi.

Lucía cabello negro azabache,
melena a media espalda llevaba.
La brisa suavemente la acariciaba,
al compás su cabeza oscilaba.

Tenía los pómulos ruborizados,
labios sensuales, rojo rubí,
pestañas largas, ojazos verdes,
con su mirada fijada en mí.

Perplejo con su esbeltez la seguí,
al doblar la esquina, la perdí.
Desde entonces no la he vuelto a ver.
Estoy ansioso de que regrese por aquí.

Detalles, detalles, detalles,
el mínimo detalle le vi.
Detalles, detalles, detalles,
los que me han vuelto loco a mí.

Dichoso por ti

Te conocí cuando
llegaste a mí.
Nuestras diferencias
pudimos compartir.

Por tu entereza
logré conseguir,
ser inclusivo
en todo mi sentir.

Estoy agradecido y muy feliz
de nuestras vivencias compartir.
Mis objetivos he podido lograr.
Soy dichoso amándote a ti.

Has sido mi fiel amante,
con orgullo lo puedo decir,
que, de volver a nacer,
contigo deseo coincidir.

Dinero

15 de diciembre de 2019

Hay gente que se cree,
el dinero es todo en la vida.
¡Qué equivocados están,
difiero de ellos enseguida!

Les brindará bienestar,
poder y estilos de vida.
Pero no llenará a cabalidad
lo que la felicidad significa.

La felicidad es relativa
para todos en esta vida.
Por más dinero se tenga,
la vida se nos complica.

Todo ese bien material,
viene a ser superficial,
aun viviendo en la opulencia,
el fin para todos será igual.

Pues muchos tendrán dinero,
otros tendrán muy poco.
El fin será igual para todos,
donde no se necesita del todo.

Dos mujeres
26 de marzo de 2019

Hay dos mujeres en mi corazón,
Una es mi madre cual adoro yo.
La otra es mi esposa, todo un amor,
cuando fui joven, me conquistó.

Mi buena madre muy bien me crió,
por buenos pasos ella me llevó,
en puerto seguro me dejó,
mi futura esposa, ahí me encontró.

Mi querida madre ya falleció,
fue luchadora en toda su misión,
lo que se dice a viva voz,
el digno legado que nos dejó.

Hoy celebramos mi esposa y yo
más de 50 años de relación.
Muy agradecidos estamos de Dios,
abrió el camino que nos alumbró.

Respeto, tolerancia, integridad y mutuo amor
es la receta que les doy yo,
son las piezas claves para conseguir
salud de espíritu, alma y corazón.

Dos palomas

16 de agosto de 2019

Te quiero como me quieres,
los dos nos queremos tanto.
Solo Dios tiene el poder
para romper nuestro encanto.

Me quieres como te quiero,
los dos nos queremos tanto.
Solo Dios tiene el poder
para romper nuestro encanto.

Cuando tú no estás conmigo,
lo mucho que te extraño.
Tan pronto regresas a mí,
desaparece el quebranto.

Somos como par de palomas
alzando el vuelo hacia lo alto,
hasta encontrar nuestro nido
para seguirnos amando.

Felicidad y alegría es tener
nuestro hogar en el campo.
Se siente la brisa fresca
y el currucucú de nuestro canto.

Duda

30 de marzo de 2019

Estoy esperando por ti
desde el día te vi partir.
Sé que volverás a mí
en busca del amor, te di.

Te fuiste sin despedir,
creías lo iba a impedir.
La agenda que trae el destino
es difícil de intervenir.

A prueba me quieres tener,
aún dudas de mí querer.
¡Qué equivocada estás!
Dueña eres de todo mi ser.

Soy tu loco, eterno enamorado.
No importa cuánto tardes en venir.
Paciente te espero aquí,
presiento que estás por ahí.

Una vez regreses, cariño,
yo te lo voy a decir,
lo equivocada que estás,
nunca, nunca, dudes de mí.

Tan pronto sientas, mi vida,
lo mucho que yo te quiero,
jamás dudarás de mí,
eres el amor que prefiero.

El jueguito

26 de octubre de 2019

Me miraste, te miré.
Te reíste con rubor,
así fue que comenzó
el jueguito del amor.

Vamos a platicar,
mutua es nuestra afección,
tomándonos de las manos,
vuela la imaginación.

Nos llenamos de alegría,
se acelera el corazón.
El jueguito se convierte
en fogosa relación.

Todo es color de rosa,
es nuestro primer amor.
¡Qué importan las consecuencias!
No vemos otro color.

Me miraste, te miré.
Te reíste con rubor.
Así fue que comenzó
el jueguito entre tú y yo.

Me miraste, te miré.
Te reíste con rubor,
después de tanto reír,
disfrutamos del amor.

El mujeriego

Sé que vienen las mujeres
tras mi fogoso querer.
Obtienen lo que prefieren,
disfrutando de inmenso placer.

Así comparto mis quereres,
complaciendo a toda mujer,
llegamos a un acuerdo verbal
y los instintos echamos a correr.

Yo no me comprometo con nadie,
eso lo hice una vez.
Yo mismo me corté las alas,
amando a una sola mujer.

Aquella relación fue un calvario,
siempre tuve las de perder.
El amor se convirtió en rutinario
y otras mujeres empecé a ver.

Me llaman el mujeriego,
nombre que me sienta muy bien.
Por mis servicios prestados,
recibo billetes de cien.

El mundo

4 de octubre de 2023

Nuestro mundo es maravilloso,
pero igualmente tormentoso.
Tenemos que saberlo navegar,
así uno poder salir airoso.

Todo no es color de rosa,
existe el bien y el mal.
Tenemos que saberlos evaluar
y valores positivos aquilatar.

Es espectacular por sus paisajes,
con bellos, coloridos atardeceres.
Las olas del mar que van y vienen,
la brisa marina brinda placeres.

No deseo estar fuera de casa
en una hora inapropiada,
si así lo estuviera,
ruego a Dios no me pase nada.

Este mundo es ambiguo y misterioso,
no sé lo que me depare el futuro.
Al presente vivo muy agradecido,
no contemplo problema alguno.

El regreso
9 de septiembre de 2023

Dices que te vas,
luego que te quedas.
Decídete ya,
dímelo mi negra.

No sé la razón.
Soy tu fiel pareja.
Mi amor tuyo es
hasta que me muera.

Dices que te vas,
que aquí no te quedas.
¿Será realidad
o conmigo juegas?

¿Por qué tanta duda?
Ya raya en locura.
Decídete, mi amor,
como tú ninguna.

Si te vas por la mañana,
no te guardaré rencor.
Sé que, por la tarde,
regresas, mi amor.

Embarcación Plenitud

22 de octubre de 2018

Eres mi fiel compañera,
con cincuenta años al timón
de la embarcación Plenitud,
que capitaneas a todo pulmón.

Han sido muchos los viajeros
que has llevado a puerto seguro.
Hay otros que no han querido
pisar tierra firme hacia el futuro.

Sigues navegando a tu ritmo
en contra de viento y marea.
El momento te ha de llegar
y terminará tu impuesta odisea.

Hay muchos bien agradecidos,
otros, tal vez no lo sean,
pero los tengo en la mirilla,
por ellos diste la pelea.

Hoy valoro tu gallardía,
hasta por mí te has fajado.
Te admiro y sigo apoyando,
seguiré siempre fiel a tu lado.

Enfoque positivo

Enfócate en lo positivo,
mejor calidad de vida obtendrás.
Todo lo negativo dejarás atrás.
El tiempo todo lo resolverá.

Búscale el lado positivo a todo,
sin dar marcha hacia atrás.
Dar reversa sería para tomar impulso
y estar seguro hacia dónde vas.

No hay nada como estar sereno,
tranquilo, calmado, querido y en paz,
demostrándole al mundo entero
de todo lo que uno es capaz.

Ser siempre positivo es la clave
para obtener un futuro brillante,
dejando un valioso legado
para que todos lo emulen adelante.

Entre tres

18 de diciembre de 2019

Ella vino y se fue,
por yo ser indiferente.
Yo amo a mi mujer,
ella quería relación permanente.

Es el jueguito de siempre,
no me pudo convencer.
Ese juego entre los tres,
me haría perder mi mujer.

Vivo feliz con mi esposa,
ha sido mi fiel amante,
son muchos años de unión,
seguiremos siempre adelante.

No se puede perder la cabeza,
"tirando una canita al aire,"
la misma traería consecuencias,
disputas agrias entre amantes.

Si una tercera persona,
nos acosa y nos persigue,
su conducta será fútil,
sea Dios quien la castigue.

Ese beso

Ese beso que me diste,
me lo diste de repente.
Sorprendido me quedé
ante todos los presentes.

Sé muy bien que me pretendes,
pero como amiga suelo verte
y no esperaba de ti,
ese beso tan ardiente e imponente.

Un giro de ciento ochenta grados
ha tomado nuestra amistad.
Cada día que va pasando
deseo amarte más y más.

Ese beso tan contundente
ha provocado profundo en mi ser,
un cambio de parecer, de amiga,
quiero ya seas mi mujer.

Ahora todo es diferente
al platicar con la gente,
conocen de nuestro compromiso
y de la boda que es inminente.

Eterna sonrisa

18 de septiembre de 2019

Con el tiempo me acostumbraré
a vivir mi vida sin ti.
No significa que te olvido
o dejo de pensar en ti.

Me enfocaré en mí,
ahora que no estás aquí.
Esta es una nueva etapa
que me ha tocado vivir.

Ya terminé con mi llanto,
también dejaré de sufrir.
Te llevo en mi corazón,
te siento en cada latir.

Agradecida por las vivencias
que contigo pude compartir,
recordaré esa eterna sonrisa
que siempre tenías para mí.

Busca tu guía espiritual,
no te quedes atado a mí.
Es importante tengas presente
que algún día llegaré a ti.

Fe y confianza

Llegaste a tiempo mi vida,
es un nuevo amanecer.
Pensé que todo estaba perdido,
pero cambiaste de parecer.

Esperé por ti un largo tiempo,
creí no ibas a volver.
Hoy me siento complacido,
brillan mis ojos al volverte a ver.

Seremos felices, mi vida,
lo nuestro no será como ayer.
Con mucha fe y confianza,
juntos vamos a prevalecer.

Las convivencias que compartiremos
serán todas de grato placer
y cada mañana, mi vida,
será un nuevo renacer.

Percibo que estás bien positiva
y muy ansiosa, también.
Tenemos madurez, tranquila,
todo nos irá muy bien.

Fin de la sequía
23 de octubre de 2019

Observo que va a llover,
veo nubes negras en el campo.
El sol ya se ha ocultado,
el cielo está encapotado.

Se siente una tronada distante,
sorprende el estruendo de un rayo.
Alzan vuelo los pajaritos,
felices y alborotados.

Empieza la lluvia a caer,
la tarde se va refrescando.
La fauna y flora están alegres
del baño que están disfrutando.

Sigue la lluvia cayendo,
melodía para la vida de tantos.
Las heridas terrenales van sanando,
cuando el agua las va penetrando.

¡Qué llueva, que llueva en el campo!
¡Qué siga la lluvia al terreno empapando!
Esperamos más lluvia caer
y la sequía se vaya apartando.

Firme y decidido
24 de noviembre de 2023

¡No quiero verte jamás!
Ahora yo te despido
por haberme sido infiel,
estoy firme y decidido.

Es esa la causa, el motivo.
Además, no fuiste sincera conmigo.
El tiempo que convivimos,
Lo voy a echar al olvido.

Sé que te quieres quedar,
diciéndome que vas a cambiar.
Pero ese cuento yo me lo sé,
te di esa oportunidad.

Ya viene mi nuevo querer,
la que ocupará tu lugar.
Me llamó por el celular,
que está próxima al llegar.

Recoge tus pertenencias,
no dejes nada por acá
No olvides las pantaletas,
que sueles en el baño secar.

No quiero que te sirvan de excusa
para esa prenda venir a buscar
y asi echar una ojeadita
para ver cómo las cosas me van.

¡Vete, vete, vete ya!
Mi amor está por llegar.
Tan pronto salgas de aqui,
te empezaré a olvidar.

Fórmula para subsistir

La vida no es fácil vivirla,
nos trae un sinnúmero de problemas,
con los cuales hay que lidiar
para hacerla más llevadera.

También nos trae cosas muy buenas,
por las cuales hay que luchar,
trabajar mucho y perseverar
para uno poderlas aquilatar.

Nadie es inmune a ello,
ni rico, pobre, joven o viejo.
Todos tenemos que luchar para sobrevivir,
se tenga mucho, poco, o nada de dinero.

Porque la felicidad no la conforma la plata,
es relativa en vivencias y eventos.
Tan pronto se desvanece la dicha,
el agua se nos sube hasta el cuello.

Busquemos el término medio,
con consenso entre las partes,
evitamos dilemas frustrantes
y logramos proyectos gigantes.

La vida no es fácil vivirla,
tenemos que aprender a coexistir,
siempre siendo inclusivos, amando
y buscando consenso para subsistir.

Genuino diamante

Brillarás como genuino diamante
con traje blanco hacia el altar.
Te tomaré de la mano
para nuestros votos jurar.

Nuestros familiares serán los testigos,
de gran júbilo se llenarán,
al escuchar la melodía
de nuestro desfile nupcial.

Intercambiaremos los anillos
tan pronto nos demos el sí,
sellando así este compromiso
para hacer nuestro matrimonio, feliz.

Celebraremos por todo lo alto.
Nuestro enlace tendrá como fin,
vivir la vida gloriosa
con vivencias que están por venir.

¡Hasta cuándo!
14 de enero de 2024

Has tomado mucho tiempo,
mucho más del que debías.
Demoras en darme el sí,
no es un juego, vida mía.

Lo que puedo percibir,
es que no estás convencida.
Pero mi amor es puro y fiel
y te tardas sin medida.

¿Cuánto más tengo que esperar?
Todo esto se complica.
Me ha llegado un nuevo amor
que promete, ama e intriga.

Esperé lo suficiente por ti,
sigues siendo ambivalente.
Ya decidí que, con mi nuevo amor,
me basta y será permanente.

Herido corazón
6 de abril de 2019

¿Hasta cuándo vas a sufrir?
¿Hasta cuándo vas a llorar?
Abre la puerta, mi herido corazón,
hay que salir para volver amar.

Olvida pronto a la que se fue.
Ella sabrá porque se marchó.
No fue tu culpa, le diste todo tu amor,
solo y triste, te abandonó.

Conquistarás un nuevo querer.
Fauna y flora están en su máximo esplendor.
La primavera ya comenzó,
es terreno fértil para el amor.

Aprovecha la floreciente ocasión
como colibrí que va de flor en flor,
extrayéndole el néctar con determinación,
degustando su rico y dulce sabor.

Igualmente quiero para ti,
actúes con prontitud y precisión,
disfrutando de la primaveral estación,
abriéndote de par en par, corazón.

Hijo querido
6 de septiembre de 2023

Anoche soñé contigo,
locamente me besabas,
acababas de enterarte
de que estabas embarazada.

Al despertarme del sueño,
asombrado y lleno de emoción,
noté que estabas despierta
esperando por mi atención.

Con una sonrisa a flor de labios,
dijiste, "Hoy día tú y yo somos dos,
en unos meses seremos tres,
en mi late otro corazón".

Hace tiempo que lo deseabas
y se nos allanó el camino.
Tu querías ser mamá,
lo ha concedido el Gran Rey Divino.

Transcurrieron los nueve meses,
el período bendecido de la gestación.
Nació un bebé saludable,
¡El orgullo de esta gran celebración!

Aquel sueño no lo olvido.
De Dios estoy agradecido.
Yo también quería ser papá.
Hoy disfrutamos con nuestro hijo querido.

Intercambio de anillos

4 de junio de 2020

La relación entre tú y yo
es cada vez más ardiente.
Estamos disfrutando los dos
y lo comenta la gente.

Infantes fuimos a la escuela
y sin malicia siquiera.
Al entrar a la secundaria,
había noviazgos por doquiera.

Tu dulce y tierna sonrisa
diariamente me brindabas.
Como capullo abriéndose en flor,
de niña a mujer te transformabas.

Tomándonos de las manos,
besos y caricias nos dimos.
Al terminar la educación superior,
fue que nos comprometimos.

Ahora estamos a ley de un paso
para felices nupcias contraer.
Intercambiaremos los anillos
ante invitados que nos vieron crecer.

Jamás corazón

Jamás le digas, corazón,
cuánto la quieres.
Jamás reveles, corazón,
los bienes que tienes.
Jamás le digas, corazón,
la pura verdad
y a tu lado permanece.

Jamás des alardes, corazón,
de ti como eres.
Deja que la intriga la vuelva loca,
buscando de ti placeres.
Así corazón, se mantendrá,
solicitando de ti, quereres.

Jamás pretendas ser tú el primero,
así ella comprenderá
que tu amor es sincero.
No lleves la contraria siempre a tu favor
y lograrás un amoroso convenio.

No hagas del amor una rutina.
No mires con afecto a tu vecina.
Y dile a tu fiel amor, corazón,
que el día de la boda se aproxima.
Que te fascina, corazón, si,
cuando una guiñada te tira.

Jonás
26 de febrero de 2019

Nació nuestro segundo bisnieto
en la ciudad de Mayagüez.
Su mamá, Coral, lo nombró
Jonás Alberto, lo sé.

El 23 de febrero fue,
de largo midió diecinueve
y pesó siete libras con seis.
Feliz lacta leche materna, el bebé.

El 25 de febrero al mediodía,
lo vi en su casa por primera vez.
Su mamá, amorosa, en su regazo,
dulcemente lo lactaba otra vez.

Dios te bendiga, pequeño Jonás,
bienvenido a nuestras vidas.
Nos llenarás de mucha felicidad
con tus travesuras, lloriqueos y risas.

Karaoqueando

19 de diciembre de 2021

Si disfrutas de mis poemas,
¿Por qué no cantarlos también?
Seguro en corto tiempo,
la melodía te fluye muy bien.

La lirica la aprenderás
y el género musical llegará,
con la continua repetición
a flote lo sentirás.

Puede ser una balada, bolero,
rumba, salsa o reggaetón.
También un vals, tango, zamba
o un sombroso merengón.

No solo recitarás mis poesias,
las cantarás a capela también.
En corto tiempo te escucharemos
karaoqueandolas todas muy bien.

La clave

Vida mía, mira que esplendoroso
luce el negro manto de la noche.
Lo causa el resplandor de las estrellas
por su continuo brillante derroche.

Saliendo por el horizonte,
observa la luna llena.
¡Qué luna tan hermosa!
Iluminando la faz de la Tierra.

Amor mío, mira ese destello de luz
cruzando por el firmamento,
es una estrella fugaz
y le envío este pensamiento.

Deseo que protejas lo nuestro,
aún necesitamos más tiempo,
para oficializar nuestra unión,
buscaremos el preciso momento.

Y otra estrella fugaz,
dejó su estela de luz.
Percibí que me decía,
"La clave la tienes tú".

Quedé tan emocionado,
mi cuerpo comenzó a vibrar.
Te quedaste dormida en mi regazo,
sutilmente te pude besar.

La disolución
30 de septiembre de 2021

Dejamos de ser compatibles.
¿Por qué seguir adelante?
Nuestro amor se acabó,
nada es lo que era antes.

En nada luce elegante,
de él ya tengo bastante.
Firme es mi decisión,
el divorcio, que sea cuanto antes.

La rutina y la costumbre me vencieron,
el amor poco a poco se apagó.
No hay otra justificación,
existe respeto mutuo entre los dos.

Estoy segura que el divorcio es lo mejor.
No quiero controversias, ni estoy en negación.
De mi siempre di todo lo mejor.
En proceso está mi determinación.

Una vez culmine esta situación,
ambos celebremos la disolución.
¡Seremos libres como el viento
o hasta que nos sorprenda una tentación!

La perfecta, sensible tormenta

El día que llegaste a mí,
estaba solo, libre y soltero.
Me susurraste al oído,
"Llegué porque a ti te quiero".

Llegaste en el preciso momento
que esperaba me pasara algo así,
que un amor fiel, sensible y perfecto,
fuese el todo para mí.

Eres la perfecta, sensible tormenta
donde se concentra todo el amor,
me acaricias todo mi tierno cuerpo,
haciéndome fuerte y firme el amor.

Jamás había experimentado
algo tan bueno, dulce y sutil.
Nuestro futuro luce brillante
por vivencias que están por venir.

La proclama

Yo pasaba y la vi llorando.
Me detuve y le pregunté.
Deseaba saber el por qué,
lloraba cuando pasé.

No pasa nada aquí, amable caballero.
Estoy locamente enamorada,
de momento me emocioné
y una lágrima rodó por mi cara.

Me despedí de ella y marché,
pero a distancia me percaté,
que lloraba profusamente,
precisamente cuando me alejé.

Regresé a la escena del llanto,
le pedí dijese la pura verdad,
"¡Lo amo!", exclamó súbitamente,
"De mí tenga usted piedad".

No se sienta usted ignorada.
Hace tiempo en silencio la observaba.
Le juro hermosa dama,
que mañana haré oficial la proclama.

La única
4 de febrero de 2020

Mi corazón completo tuyo es,
estoy seguro, sin duda.
Eres la única mujer
de la cual él se ocupa.

He tenido otros amores,
pero como el tuyo ninguno.
Quiero mantenerte al tanto,
es el tuyo o ninguno.

No basta solo el compartir,
tú eres la que tanto esperaba.
Cada vez quiero más de ti,
en un amor permanente, pensaba.

Puedo verlo en tus ojos,
que quieres ser vida mía.
No temas en confesarlo,
así será algún día.

Puedes verlo en mis ojos
que quiero seas vida mía.
No tengo temor en decirlo,
que así será algún día.

Llegó el momento tan esperado,
nos casaremos esta hermosa mañana.
Juntos estaremos por siempre,
inclusive en la edad dorada.

Lamento del anciano

16 de diciembre de 2019

Han pasado muchos años,
he llegado a mi ocaso,
en un hogar de ancianos,
mi familia me ha internado.

Espero que me alimenten bien,
cuiden y no pase malos ratos.
Unos opinan que será así,
otros afirman lo contrario.

Tanto que en esta vida me fajé,
una gran familia levanté.
A todos por igual ayudé,
al final miren como me fue.

¡Qué deprimente es este lugar!
Con mi familia quiero vivir.
Si no me pueden tener,
lo mejor sería morir.

¡Qué triste es envejecer!
Somos como flores marchitas,
ayer con perfumada fragancia,
hoy en nada glorifican.

¡Qué triste es envejecer!
Aquí como reclusos sin delinquir,
aquí sentenciados a morir,
los últimos días aquí extinguir.

Aquí, aquí, aquí,
reclusos sentenciados a morir.
Aquí, aquí, aquí,
los últimos días extinguir.

Llave y clave

22 de agosto de 2021

Para que nunca me olvides
y con pasión siempre me ames,
recibiste de mi corazón
su exclusiva y genuina llave.

Con ella puedes abrir
el cofre de mi corazón,
descifrando la clave
de mi apasionado amor.

Poco a poco sentirás
el placer de la ardiente pasión,
generado por mi fogosidad
al hacerte el amor.

La llave, como la clave,
atesorarás en tu corazón.
Cada vez que desees amarme,
en tus manos tienes la decisión.

La llave, como la clave,
atesorarás con loca pasión.
Cuando desees que te ame,
en tus manos tienes la solución.

Luzbaldi

9 de junio de 2019

Gracias por ser como eres,
en ti brilla esa luz,
no permitas que se opaque.
¡Qué brille como brillas tú!

De muchos eres la esperanza,
siempre ayudando a plenitud.
Naciste con ese don,
cada día lo vives tú.

A cambio no buscas nada,
son pocos los seres como tú,
al ver triunfar tu asistido,
disfrutas vicariamente su gratitud.

Posees gran sensibilidad
al percibir una falla
y sin pedirte la ayuda,
te aprestas para remediarla.

Si hubiera más entes, así como tú,
serían faroles llenos de luz,
no habría tanta injusticia en el mundo,
gente cargando tan pesada cruz.

Madurez
14 de febrero de 2020

Deseo saber de tu vida,
salud y bienestar.
Quiero conocer bien tu rutina
y si vas a regresar.

Si nada te ha ido bien,
una conversación debemos tener,
degustar vino fino y rico café,
como lo solíamos hacer.

Si deseas pronto regresar,
sabes donde la llave suelo ocultar.
Tan pronto llegue a mi casa,
gran sorpresa me he de llevar.

Evaluaremos nuestras vidas,
esta vez con integridad.
Elaboraremos un plan de medidas
para ejecutarlo a cabalidad.

Estoy ansioso por verte,
hace tiempo que de ti poco sé.
Seremos felices esta vez,
hoy tenemos madurez.

Manuela

Vives tu vida Manuela,
vives pensando en mí.
Puede ser que algún día, Manuela,
yo me enamore de ti.

Me conociste en la escuela,
fuiste mi pareja en el "prom".
No nos hemos vuelto a ver,
recuerdo disfrutamos la ocasión.

Ha pasado más de un año,
no he conseguido trabajo,
ni tengo un compromiso,
desempleado, no sería lo apropiado.

Sigue pensando en mí, Manuela,
de trabajo me hicieron una oferta.
Si la acepto iré por ti,
te estaré dando la vuelta.

He conseguido el empleo,
pronto tendré la permanencia.
Iré pronto por ti,
gracias por tu amor y paciencia.

Maribel

Maribel, dime si deseas tener
un amante sincero y fiel,
que te sepa siempre querer
y valore tu forma de ser.

Deseo ser ese amante.
Bien sabes que quiero amarte.
Soy hombre honorable, afable
y al altar voy a llevarte.

No dudes de mi profundo querer,
conoces mis fortalezas y debilidades.
Mi carta de presentación es positiva
en valores y vivencias memorables.

Tan pronto me des el sí,
nos iremos de luna de miel,
siendo ya, marido y mujer,
nos amaremos hasta enloquecer.

Mi motora

En mi motora todo terreno
solía correr por todo el país.
Me esperaba en cada pueblecito,
un amorcito que me hacia feliz.

Hasta que te conocí.
Contigo me comprometi.
Ambos nos dimos el sí
y mi libertad la perdi.

Recuerdo cuando me dijiste,
"Tienes que vender la motora,
esas locas aventuras
jamás las darás tú ahora".

¡Cómo extraño mi motora!
Las carreras que daba por todo el país,
los pueblos con sus embrujos
y los amorcitos que esperaban por mi.

Hoy dia no poseo la motora,
ya no es lo que antes fue.
Ahora todo mi querer
es para mi amorosa mujer.

Ahora todo mi querer
es para mi amorosa mujer.
Aunque no tengo motora,
soy feliz con mi señora.

Mi negra
12 de noviembre de 2019

Llegó a mi aventurero corazón
una nueva, dulce tentación,
una joven trigueña, bonita,
que logró retener mi atención.

Incursionando por primera vez,
detuvo a mi errante corazón.
Ni siquiera una palabra cursó,
su ternura es mi gran bendición.

Su cabello negro azabache,
ojos verdes, piel canela
y su silueta de guitarra
desplazándose como en pasarela.

Mis ojos se desorbitaron,
al observar tanta belleza.
No pude resistir, no,
decirte: "¡Tú eres mi negra!"

Me miraste fijamente,
asentiste con firmeza,
juramos ante el divino altar,
hoy vivo feliz con mi negra.

Mi objetivo

Sé que no me correspondes.
Eres la razón de mi existir.
Serás mi único objetivo,
tu amor lo voy a conseguir.

Te seguiré dondequiera que vayas.
Mi presencia por doquiera sentirás.
Inadvertidamente me buscarás,
pero físicamente no me encontrarás.

Cada día te seguiré los pasos,
como perro sabueso al olfatear.
He notado que vistes de Carlota Alfaro
y me empiezas a coquetear.

Así es que comienza el amor,
así es que se inicia, mi vida,
con una simple atracción
y el tiempo lo consolida.

Nuestro amor ha florecido,
hicimos un compromiso.
La boda está en calendario,
pronto lograré mi objetivo.

Mi sol

20 de enero de 2024

Amada mía, eres mi sol,
alumbras toda mi vida.
Tu luz me llega a diario,
ante mis sensibles pupilas.

Recibo tu ardiente calor,
cual todo mi cuerpo energiza,
así te puedo complacer,
en todo lo que me pidas.

Así ocurre cada día,
eres siempre mi compañía.
Cuando me ves agotado,
recargas mi batería.

Tienes un alto voltaje
que aún está en garantía,
con poco o mucho millaje,
disfrutamos el día a día.

¡Qué maravilloso es mi sol!
Por nada lo cambiaría.
Han pasado cincuenta y seis años
y continuamos llenos de energía.

Nadie sabe

8 de diciembre de 2018

Nadie sabe lo que tiene,
hasta que lo pierde.
Eso es asi, mi cariño,
por ser uno indiferente.

Todo se toma por sentado,
le pasa a toda la gente.
¡Se acabó la luna de miel,
es otra etapa que vence!

Nada es para siempre,
disfrutemos lo presente.
Todo es cuestión de renovar
y tener el marbete vigente.

Nadie es indispensable,
pero el que prevalece
es el que tolera diferencias
y mira el futuro de frente.

No es fácil vivir la vida,
lo he dicho y escrito mil veces,
hay que buscar el consenso,
con paso firme se crece.

A corto o largo plazo,
esto aquí está por verse.
El tiempo traerá consecuencias
antes de que advenga la muerte.

Y al final del camino,
viejo y encamado uno quede,
nadie sabe quién será,
el que nuestra carga se eche.

Necesito un corazón

Lo tengo todo en la vida,
excepto un fiel corazón,
que me diga quererme
y lo haga con ardiente pasión.

He vivido los placeres,
los he tenido a montón.
Pero el que yo prefiero,
no me presta su atención.

No sé por qué no corresponde,
aunque siento su intención,
al caminar me provoca,
pícara, noto su actuación.

El coqueteo que trae,
le estoy prestando atención.
Una cita tengo con ella,
tenerle es mi pretensión.

Hoy día somos felices,
conquisté su corazón.
Ahora tengo quien me quiere
y lo hace con fogosa pasión.

¡Paisajes espectaculares!

5 de diciembre de 2018

¡Qué maravilloso atardecer!
¡Observen el esplendoroso horizonte,
con esos fascinantes destellos de luz,
cuando el sol tras las nubes se esconde!

Entre las nubes se asoma el sol,
entra, sale, juega y traspone.
Continúa su descenso al poniente,
para ir dándole forma a la noche.

El cielo multicolor resplandece,
como si fuese un prisma, señores.
Lentamente se despide el astro solar,
culminando un día de labores.

Le da paso a la noche
al perderse tras el horizonte,
concurriendo con el nuevo día,
desvelando picos, colinas y montes.

Palabras de amor
20 de octubre de 2018

Estoy ansioso por verte,
al oído susurrarte,
serán palabras de amor
que escucharás para amarte.

Siento una gran conmoción,
profunda en mi corazón
y siento el fuerte latir,
debe ser tú la razón.

Han pasado muchos años,
el destino fue inclemente,
nos separó para siempre.
¡Estoy aquí, quiero verte!

Estoy seguro que al verme,
dirás lo que tu alma siente,
aun estando yo ausente,
tu amor por mí está latente.

Ha llegado el gran día
de encontrarnos nuevamente.
Esta vez, maldito destino,
recibirás una estocada de muerte.

Serán palabras de amor
que escucharás adorarte.
Serán palabras de amor
que escucharás para amarte.

¿Para qué?
29 de enero de 2020

¿Para qué me sirven tus besos?
No, no me vengas a besar.
Hace tiempo te marchaste
y ahora quieres regresar.

Llegas demasiado tarde,
otra ocupa tu lugar.
No me vengas con caricias, no.
No te las voy a aceptar.

Me hiciste un gran favor,
el amor que me llegó,
ambos somos compatibles,
felices somos los dos.

En cambio, tras tu partida,
te quedaste sin hogar,
deambulando por la calle,
dejas mucho de qué hablar.

Recibes un dinerito
por tus caricias brindar,
te regresan al puntito,
donde sueles trabajar.

Te deseo buena suerte,
te llegue el hombre ideal,
te rescate de la calle
y le sepas ser leal.

Perdón

Perdón, perdón, perdón,
por haberte ofendido.
Esa no fue mi intención,
para mi era un cumplido.

Lo que sucede es que yo
deseo intimar contigo
y no te has dado cuenta
de que por ti me desvivo.

De los cinco sentidos.
mirar es el más activo
y no te has dado cuenta
cuando la mirada te fijo.

Por tu falta de sensibilidad,
he rosado mi cuerpo contigo,
ni de eso te has dado cuenta
y el roce pasa desapercibido.

Por aceptar mi perdón
estoy muy agradecido.
Al menos el platicar
lo hemos establecido.

Perfumada flor

Una perfumada flor,
he escogido para ti.
Esencia lleva de mí,
deseo que repose en ti.

Por su encantadora fragancia,
percibirás que estás viva,
que la muerte es parte de la vida
y eternamente viva estás.

Tal vez estés algo confundida,
por tu cuerpo haberse cremado
en el plano terrenal
y encontrarte llena de vida
en el plano espiritual.

Nuestro romance juvenil
aunque no se consumó,
siempre procuramos tú y yo
que nuestros matrimonios fuesen
felices los dos.

Ahora yo me despido,
no con un adiós,
sino con un nos veremos,
porque entre planos incursionaremos.

Pernoctar

De la ruidosa ciudad
me iré a pernoctar al campo.
De noche observaré las estrellas.
Del coquí escucharé su canto.

Saliendo por el horizonte
veré la hermosa luna llena,
iluminando la faz de la Tierra
con su resplandeciente esfera.

Si una oportuna estrella fugaz
cruzara por el firmamento,
le pediré me conceda el deseo
que siempre he llevado en mi pensamiento.

El lucero de la mañana
espero poderlo ver.
Suele desaparecer
con el alba, al amanecer.

Escucharé, escucharé cantares
de gallos a los cuatro vientos,
unos de cerca; otros de lejos
con su constante concierto mañanero.

Poder y querer

Nunca es tarde para hacer
lo que se desea y quiere.
Si uno cuenta con buena salud,
amor y la voluntad viva se tienen.

Estoy poniendo el empeño,
buscando la promoción pertinente,
encaminando mis composiciones
de forma eficaz y elocuente.

¡Qué se conozcan mis escritos!
¡Qué los disfrute toda la gente!
¡Qué no se queden ocultos!
Los compuse para leerse.

La vida nos da sorpresas,
la mía aún está por verse.
Gozaré de la gran dicha,
cuando mi lirica se aprecie.

Por siempre, mi luz

(Dedicada a mi nieta Sofia Gabriela)
2 de septiembre del 2023

Tengo cinco hermosas nietas,
Desirée, Valerie, Sofia, Coral y Cristal.
¡Muy lindas las jovencitas!
Siempre orgulloso de ellas voy a estar.

Aunque Sofia es la menor,
en estatura es la mayor.
A todas las quiero por igual,
ninguna tengo a favor.

Y aun siendo eso así, queridas,
quiero que recuerden toditas,
que nombré a Sofia, "Por siempre, mi luz",
por ser un regalo de vida.

Concebida fue en un "Petri-dish"
a manos del Doctor Beauchamp.
Ibamos mensualmente a Bayamón,
monitoreando la gestación con afán.

Hoy cumple sus veintitrés,
parece que nació ayer.
Ha aprovechado su tiempo,
se graduó Cum Laude de chef.

La frase, por siempre, mi luz....
se la ha tatuado en la piel,
manteniendo vivo el recuerdo
al preguntarle los que la ven.

Primera vez

Jóvenes nos conocimos,
muchas citas nos dimos.
Respetando honra y honor,
nuestro amor ha florecido.

Hicimos un compromiso,
en una fecha coincidimos,
desfilamos hacia el altar
juramos lo que prometimos.

¡Qué noche para siempre recordar!
Fue todo de inmenso placer.
Así fue que comenzó
nuestra ardiente luna de miel.

¡Qué noche para nunca olvidar!
Fue nuestra primera vez,
de joven me hiciste un hombre,
de joven te hice mujer.

Hoy día somos felices
amándonos sin un revés,
nuestro futuro luce brillante
amándonos más cada vez.

Querida extravaganza
3 de abril de 2024

Hay gente que encuentra los poemas aburridos.
Mi caso es sumamente diferente.
Todo depende del tema que se trate
y si la lírica es elocuente.

El título solo, debe persuadir,
en hacer volar la imaginación.
Así, disparándose el deseo por la lectura
para obtener la valiosa información.

Con un mensaje claro como el agua,
te entusiasmará y seguirás leyendo.
Con la mente serena y abierta,
percibirás que el poema es estupendo.

Un poema debe ser corto,
cuatro o cinco versos por estrofa.
Cuatro o seis estrofas por poema
y la querida extravaganza, así se goza.

Quiéreme

Si me quieres querer, quiéreme.
Si me quieres besar, bésame
y no tengas temores, no,
cuando de mi te enamores.

Porque soy un hombre de honores
cuando se trata de amores.
Brindo caricias y detallitos con flores
para afianzar relaciones.

Soy todo un caballero,
mi amor es fiel y sincero.
Cuando yo me enamoro,
mi corazón lo entrego todo.

Atrévete y quiéreme,
yo siento tus vibraciones,
esa fuerza insaciable sexual,
acelerando el latir de nuestros corazones.

Atrévete y quiéreme
y no tengas temores.
Soy todo un caballero,
cuando se trata de amores.

Quiero

8 de febrero de 2019

Quiero sentir el placer,
cual sienten hombre y mujer,
al hacer el amor,
sería mi primera vez.

Quiero aprender a querer
para poder satisfacer,
los deseos sexuales de mi mujer,
cuando la pueda tener.

Quiero conocer ese ser,
la que será mi mujer
y a mi lado mantener
su permanente querer.

Quiero sentirla al besar,
mis labios rozar por toda su piel
y disfrutar de la ardiente pasión,
si fuese la eterna luna de miel.

Quiero con mi amor intimar,
ya sé cómo proceder,
con diversas formas de amar
de apasionado querer.

Quiero sentirla al besar.
Quiero saberla amar.
Quiero saberla complacer.
¡Nuestra vida sexual disfrutar!

Raquel

20 de marzo de 2021

No sé, no sé, cómo fue,
cómo fue que te llegué a querer.
El destino tuvo que ser
quien jugó el amoroso papel.

Yo estaba libre, sin compromiso.
Con cien mujeres lo pasaba bien.
Hasta que me percaté de una,
ausente entre las cien.

Cada día entre ellas la buscaba,
encontrarla era mi interés.
Entonces pregunté por su nombre,
me informaron llamarte Raquel.

Tu número de celular
y dirección pude obtener.
Contigo una cita acordé,
la mejor decisión que tomé.

Por ser ambos compatibles,
nos citamos una y otra vez.
Con el tiempo transcurrido,
hoy eres mi querida mujer.

Rememorar

2 de febrero de 2023

¿Por qué vienes a mí, linda
paloma?
Nuestro nido de amor está
destruido.
Ya no tenemos aquellas fuerzas,
para cargar ramitas y otro
construirlo.

¿Por qué vienes a mí, dulce
paloma?
Los dos hemos envejecido.
Vivimos en palomares de cuido
y a pasos lentos, ¿a qué has venido?

Quiero platicar contigo,
personalmente eres mi objetivo.
Deseo rememorar algo importante
vivido,
detallito el que nunca olvido.

¿Te acuerdas de la flor de pegatina,
que me pegaste un día al ombligo?
Era un día soleado en la playa
y yo lucía un bikini atractivo.

Tú fuiste un tanto atrevido,
me mostraste la dichosa flor
y con sigiloso cariño
me la adheriste con mucho valor.

Si no te acuerdas, amor mío,
aquí te traje aquella flor.
La guardé con mucho cariño,
fue ella la que dio paso a nuestro
amor.

Ahora yo me despido,
toma la flor y un besito.
Gracias por rememorar conmigo,
regresaré, mi palomo querido.

Renacer

22 de noviembre de 2019

Todavía es de madrugada,
apunto de amanecer.
Se siente la brisa fresca
de un aguacero caer.

Me acurruco entre tus brazos
al sentirlos por mi piel,
estás buscando el placer
de acurrucarte también.

¡Qué momento tan solemne,
sentir la lluvia caer!
Trae bienestar y alegría
al acurrucaditos permanecer.

El momento se desvanece,
lo quisiéramos retener.
Lo sublime dura poco,
hasta que vuelva a suceder.

Lo sublime dura poco,
no se puede detener,
quisiéramos que fuera eterno,
pero eso no puede ser.

Se escucha cantar al gallo,
anuncia el amanecer.
¡Canta, canta, canta, gallo!
¡Es un nuevo renacer!

Renovados boleros

Serán renovados boleros,
los que escucharás de mi voz.
Traen emotivos recuerdos
de cuando nos enamoramos los dos.

Los boleros del ayer
se escuchan frecuentemente,
dejaron su digno legado
para que se les toque, cante y recuerde.

Con cada renovada versión
se enamorará mucha gente.
La nueva generación,
hará al bolero vigente.

Así sucesivamente,
los boleros del ayer,
se renovarán totalmente,
brindándonos dicha y placer.

Renovado será Querube,
Bésame mucho, mujer,
Alma, corazón y vida
y Solamente una vez.

Renovado será Rosario de besos,
Un trono de ilusiones, ¿qué bien!
¿Qué sabes tú?, China hereje,
Esclavo y amo, también.

Revistiendo la sabana
30 de noviembre de 2023

La primavera está en su máximo esplendor
con un escenario diverso de mariposas,
hermosas, volando y deslizando,
nos deleitan al verlas que posan.

Disfruto la presencia de miles de ellas,
la Monarca, siendo la más bella.
Navegando por toda la flora,
polinizando flores dondequiera.

Su tricolor, negro, blanco y anaranjado
revisten toda la extensa sabana.
Ese linaje de prestigiosa vestimenta,
la hace lucir como majestuosa dama.

Todas se agrupan, cuelgan de ramas,
como las uvas listas al cosecharlas,
contrastando con flores y follaje,
invitando al turista a fotografiarlas.

Viajan a lo lejos hasta Canadá,
regresando via Texas en la primavera.
Luego invernando para energizarse en México,
asegurando su reproducción de primera.

Ruleta rusa

Llegaste para que vuelva a amarte,
sabes bien que no puede ser.
Te advertí ser hombre casado
y muy fiel a mi querida mujer.

Por ti, "tiré una canita al aire"
y te pude complacer.
Juramos aquel entonces,
jamás volvernos a ver.

Ahora yo te pregunto,
¿Si tú estuvieras en su lugar?
¿Permitirías que otra mujer
me viniera a provocar?

Insistes en que vuelva a amarte,
pero eso no puede ser.
Sería jugar a la ruleta rusa,
un tiro podría suceder.

"Tirar canitas al aire"
suele ser un juego atrevido
y como la ruleta rusa
se puede tornar explosivo.

Sabroso pernil

Si tú me quieres, María,
sabes que te amaría,
por la mañana, por la noche,
las veinticuatro horas del día.

Segura conmigo estarías,
todas las horas del día.
Mi amor todo te daría,
feliz conmigo serías.

Como un sabroso pernil,
con caricias te adobaría,
muchos besos y atenciones,
complementos que no faltarían.

Poco a poco, te confeccionaría.
De ti degustaría
y de pedirme que deguste otra vez,
con mucho placer, yo lo haría.

Si tú me quieres, María,
sabes que te amaría.
Como un sabroso pernil,
con caricias te adobaría.

¡Sí, acepto!
17 de junio de 2018

Yo quiero ser tu amante,
no me pidas sea tu amigo.
Desde el día que te conocí
deseo intimar contigo.

Siento por ti una fuerte atracción,
conoces el idilio te profeso.
Lo que siento aquí en mi pecho
es genuino y va en ascenso.

Nuestra relación se va puliendo,
alcanzaremos el cien porciento
con caricias, besos y atenciones,
la manera digna de hacerlo.

Disfrutaremos de la ardiente pasión,
nuestro amor será memorable.
Sobrecogida te sentirás
de placer inolvidable.

Siguen pasando los días,
continúa nuestro amor floreciendo,
hasta que llegue el momento
para ambos decir, "¡Sí, acepto!"

Siempre

8 de febrero de 2019

Tú me has enloquecido,
me haces perder la razón.
Cuando te niegas a verme
o a prestarme atención.

Yo te brindo mi cariño
como tú te lo mereces.
Cuando sientas tú lo mismo,
espero de ti, me beses.

Siempre quiero estar contigo,
siempre a mi lado tenerte.
Mis pupilas toman brillo,
cada vez que logro verte.

Siempre habrá felicidad,
somos seres que se quieren
con dignidad y comprensión
viviremos siempre, siempre.

Este amor entre tú y yo,
será siempre permanente,
con respeto y mucho amor,
hasta que advenga la muerte.

Sol y Luna
5 de diciembre de 2019

Dos astros se van a casar,
nada más y nada menos
que el Sol y la Luna.

Él quiere que ella luzca radiante,
con halo de oro, su velo de cuna
y una corona de estrellas
que brille como ninguna.

Quiere que ella cuide su cutis,
quede lozana toda su corteza.
Hasta donde le sea posible
quede libre de toda impureza.

Lucirá en la boda su cara bonita,
en su fase de luna llena.
Iluminará con sus rayos de luz,
toda la faz de la Tierra.

Júpiter será el padrino elegante,
la Tierra la madrina perfecta
y Venus, la única dama favorita,
desfilará con Marte, su pareja.

La celebración será en la Vía
Láctea,
atestiguada por los caballeros,
Saturno, Mercurio, Neptuno, Urano
y también al lejano Pluto, veremos.

La ceremonia la oficiará
El Padre del Infinito Universo,
bendiciendo al Sol y la Luna
para que sean el matrimonio
perfecto.

Te ofrecí

Tengo tanto para darte,
muchos besos para ti,
pero te encuentras distante,
que difícil para mí.

Espero por tu regreso
y recibirás de mi,
el amor fiel y sincero
que he guardado para ti.

Una vez llegues a mí,
despertaré en tu sentir
la pasión traes escondida,
reservada para mí.

Tuve que llegar a ti,
esperando no podía seguir.
Te quiero justo a mi lado,
sin ti no puedo vivir.

Te noto muy complacida,
fui sorpresa para ti.
Ahora que estamos solitos
tendrás lo que te ofrecí.

Té, Te quiero

Una hermosa, amable jovencita,
me citó a degustar de un buen café.
Su invitación con mucho gusto acepté
y de una tacita disfruté.

Al día siguiente regresó
y me invitó por segunda vez.
A degustar de otra tacita,
pero esta vez sería de té.

Gracias, pero no tomo té, jovencita,
solo degusto el buen café.
Perdone usted, cortés señorita,
por declinar esta vez.

Sepa usted, gallardo caballero,
que el té, Te quiero es especial,
revive hasta a los muertos,
tiene ese exclusivo particular.

Entusiasmado lo degusté,
es así como ella lo decía.
Ahora degusto de té, Te quiero,
de noche, mañana y día.

Tres décadas

Hoy se cumplen treinta años sin casarnos.
He propuesto matrimonio cada diez.
Siempre has dicho no deseas el compromiso,
por temer a que tengamos un revés.

Son tres décadas las que hemos compartido.
Sé que tienes la experiencia y madurez.
Conocemos el pasado, presente y lo que viene,
oficiemos nuestro enlace esta vez.

Felices somos por haberlo consentido
y juramos nuestros votos esta vez.
Las familias muy contentas celebrando,
no esperaban que ocurriera esta vez.

Un vinito y un café

23 de diciembre de 2018

Estoy pensando en ti.
Quiero saber cómo estás.
Si nada te ha ido bien,
te invito a platicar.

Un vinito y un café,
te sentirás bien lo sé,
los disfrutábamos en casa,
vivencias de aquel ayer.

Dime toda la verdad,
toda la quiero escuchar.
Errores los cometemos,
es tiempo de perdonar.

Te voy a decir la verdad,
toda la voy a narrar.
Errores los cometimos,
es tiempo de perdonar.

Son las cosas del destino,
nos hacen lucir mal o bien,
con un nuevo compromiso,
se sabrá quién quiere a quien.

Esta es la oportunidad,
que bien nos hace perdonar.
Ha llegado el momento,
hoy nos vamos a casar.

Un vinito y un café,
lo vamos a celebrar.
Un vinito y un café,
nos vamos a perdonar.

Un vinito y un café,
los vamos a saborear.
¡Un vinito y un café,
hoy nos vamos a casar!

Yolanda

Yolanda, amor mio, ven a mi.
Mi vida la vivo para ti completa.
Se que llegaste para amarme,
mi corazón te dará la receta.

Él quiere que me acaricies primero,
luego tus labios sensuales, besen el cuello.
Tus manos deslices por mi cabellera
y tus dedos jueguen con mi cabello.

¡Esta es la receta!
¡Esta es la receta!

Abrazándote fuertemente allegaré
tu hermoso cuerpo a mi cuerpo.
En nuestros diafragmas sentiremos
los suspiros ardientes del pecho.

Escucharás el apasionado susurro
cerca de tu sensual oído.
Es mi voz para decirte,
me complace estar al desnudo contigo.

Terminamos con el calentamiento.
Empezamos el juego en pelotas.
Dimos tremendo batazo,
esta carrera de centro, se anota.

¡Vida mía!
22 de noviembre de 2018

Si tú dices quererme
y te hago mucha falta,
dame una llamadita
o textéame y sabré qué pasa.

No sé porque te fuiste,
tampoco de tu amenaza.
Si me sigues siendo fiel,
nuestra relación se salva.

Buscando un nuevo amor
por el Internet te pasas,
deja de navegar las redes,
soy el hombre que te ama.

Deja de buscar lo incierto,
toma las cosas con calma.
Tú sabes que yo te quiero
con todo mi cuerpo y alma.

Soy feliz, has regresado,
confiada y enamorada.
Si me sigues siendo fiel,
¡Vida mía, serás amada!

www.ingramcontent.com/pod-product-compliance
Lightning Source LLC
Chambersburg PA
CBHW061734120626
46550CB00005B/1791